JN057213

人と人をつなぐと、
教育も社会も変わる

人とのつながりに悩み苦しんだ

2020年、見えない敵が私たちの社会を襲ってきました。小学生時代にテレビでお笑いのツボを教わった志村けんさんが、あっという間に他界されたのは、かなりショッキングな出来事でした。「だいじょうぶだあ」ではなかったのですから。

困難な状況は、いまだに続いています。

人が生きているうちに出会う困難には様々なものがあります。人々が共通して出会うものもあれば、個人的なものもあります。

共通といえば、いま50代後半の私は、生きている間に80年に一度の大恐慌、1000年に一度の津波被害、そして100年に一度のパンデミックを目にすることになってしまいました。

大恐慌は1930年の世界大恐慌と2008年のリーマンショック、津波被害は869年の貞観地震と2011年の東北地方太平洋沖地震、パンデミックは1918年のスペインかぜと2019年に発見された新型コロナウィルスによる感染症です。1995年の阪神・淡路大震災もボランティア関係者には忘れることのできない出来事です。歴史は繰り返すのでしょうか。

では、個人的な出来事はどうでしょうか。

私は教育やボランティアの世界で生きてきました。両方の分野に共通しているのは

「人とのつながり」です。そう言うと、ライフワークにしているのだから得意なことだと思われるかもしれませんが、実は全く逆なのです。

人とのつながりでは悩みが絶えません。小さい頃は金魚の糞のように人のあとについて行動していました。大人が怖くて、犬が怖くて、水泳が怖くておびえている少年でした。えっ、そうなのと思ったあなた。ぜひ本書をさらに読み進めてください。なぜなら本書では、私が受けた教育と、自ら飛び込んだボランティアの世界が私にどのような影響を与えたのか、特に進路に悩んだり人間関係に苦しんだりした私が、どのように人とつながって、悩みや苦しみを克服していったのかについて語っているからです。いやいや、克服というよりも、今でも悩み苦しんでいるのですが。

ですから本書は進路に悩んでいる高校生や就活生、私と同じ教育やボランティアの世界で悩みながらも頑張っている皆さん、人と人のつながりによって何かを変えよう、改革しようと考えている皆さんに読んでいただければ幸せです。

本書を通じて読者と私がつながる瞬間があるかもしれないと思うと楽しい気持ちになります。もし私の死後に本書を手にする読者がいるとすれば、時代を超えてつながったことになります。

なかなか困難な時代ですが、人と人とがつながる楽しさを笑顔で語り合いながら、時代を一歩前に進めていきましょう。「だいじょうぶだあ」と言えるように。

２０２１年３月　筆者記す

目次

第1部

Episode 4・5・6

第2部

Episode1・2・3

第3部

Episode7・8・9

第4部

【プロローグ】 スター・ウォーズの世界

「スター・ウォーズ」シリーズは遠い銀河で起きた出来事を描いたSF映画です。巨大戦艦が空中戦を繰り広げる戦闘シーン、ライトセーバーで闘う主人公の姿、フォースという不思議な力（パワー）とその暗黒面の描写など、見所満載で大好きな映画です。全ての作品を映画館で観ました。

そのあらすじは、次のようなものです。

第1部

「スター・ウォーズ エピソード4　新たなる希望」（1977年）
「スター・ウォーズ エピソード5　帝国の逆襲」（1980年）
「スター・ウォーズ エピソード6　ジェダイの帰還」（1983年）

主人公ルーク・スカイウォーカーが盟友ハン・ソロやレイア姫とともに、帝国軍に立ち向かい勝利するまでが描かれています。ルークが、育ての父母の死や、父ダース・ベイダーとの心の葛藤を乗り越え、フォースの暗黒面の誘いにも屈せずに心の強さを獲得していく過程です。

第2部

「スター・ウォーズ エピソード1　ファントム・メナス」（1999年）
「スター・ウォーズ エピソード2　クローンの攻撃」（2002年）
「スター・ウォーズ エピソード3　シスの復讐」（2005年）

ルーク・スカイウォーカーの父であるアナキン・スカイウォーカーがダース・ベイダーになるまでが描かれています。ジェダイの一員だったアナキンがフォースの暗黒面に支配されるようになるのは、母を失ったことや、妻（アミダラ女王）の命の危機への不安による感情の乱れによります。

第3部

「スター・ウォーズ エピソード7　フォースの覚醒」（2015年）
「スター・ウォーズ エピソード8　最後のジェダイ」（2017年）
「スター・ウォーズ エピソード9　スカイウォーカーの夜明け」（2019年）

ルークの修行を受けたレイが、祖父ダース・ベイダーの遺志を受け継ぎ銀河を支配するカイロ・レン（レイア姫とハン・ソロの息子）に対して闘いを挑み、彼を暗黒面から救い、フォースの力で平和を取り戻すまでが描かれています。レイが心の葛藤を乗り越えフォースを獲得し、レンはレイとの絆により暗黒面から脱却します。

スピンオフ

「ローグ・ワン／スター・ウォーズ・ストーリー」（2016年）

エピソード4の直前、反乱軍が帝国軍の最終兵器デス・スターの設計図をどのように入手し、どのようにレイア姫に渡すのかが描かれています。名もなき人々の苦労と犠牲で正義が保たれます。

「スター・ウォーズ」シリーズの最大の特徴は、途中のエピソード4が最初に公開され、エピソード6までの3作で第1部の完了、次の第2部ではエピソード1からの3作で過去が描かれ、最後にエピソード7からの3作で未来が描かれるという、その順番にありました。第1部を見終わると、悪役のダース・ベイダーがどのようにして生まれたのかは最大の関心事となり、第2部の完成を楽しみにしました。エピソード3で話がつながると、では次の世代はどうしたのかという関心が高まり第3部を待ちます。映画でたびたび使われる、時空を飛び越すワープ走行のように、時間軸を飛び越えて全てのストーリーがつながったのです。

中身については、迫力ある戦闘シーンが見どころの一つですが、並行して主人公たちの自身の内面との闘いが忠実に描かれている点が興味深いのです。一貫して、感情に流されない強さや、恐怖や不安から逃れるために暴力に頼ることの愚かさについて、投げかけてくれます。

私が1作目のエピソード4を観たのは中学生のとき、渋谷の映画館でした。冒頭のシーン（巨大戦艦が手前から現れる）に度肝を抜かれ、鳥肌が立ったのを覚えています。一方で、感情表現の細やかさも対照的で印象深かったと記憶しています。シリーズ全編でキーワードとなっているフォース。今でこそ日本で当たり前のようにフォースと呼びますが、最初に映画館で観たときの字幕は「理力」でした。理性の力ですから、感情ではなく冷静に判断すること、心の平静の重要性、そのように受け止めました。

余談になりますが、スター・ウォーズはジョージ・ルーカスによる日本へのリスペクトが随所に表れているとされます。主人公たちの闘いのシーンは飛び道具ではなくライトセーバーによる立ちまわりですが、黒澤明監督の作品にヒントを得ているといわれます。エピソード1のダース・モールの顔面は明らかに歌舞伎の影響です。巨大戦艦、ワープ走行、R2－D2などは宇宙戦艦ヤマト（1974年）です。特にR2－D2はヤマトに出てくるロボットのアナライザーにそっくりです。メカなどの表面的なものにとどまらず、日本文化の細やかさや武士道といった精神性も含めて日本の影響を受けて作られている点に興味をもったこともあり、好きな作品の一つです。

そこで、中学生のときからスター・ウォーズを全て観て育った私は、自叙伝をスター・ウォーズと同じ構成で書いてみたいと思いました。

第1部のエピソード4・5・6は、私がボランティアの世界に入り込んでいく高校生、大学生、中学教員の時代を描きます。私の人生が大きく変わったのがエピソード4のボランティア活動だからで、ここからお話を始めることにします。

第2部のエピソード1・2・3は、生まれてからの幼少期、小学校、中学校の時代を描きます。なぜ私がボランティアの世界に引き寄せられていったのか、その一端が明らかにされることになります。

第3部のエピソード7・8・9は、大学教員になってから今までに実践してきたいくつかの挑戦を描きます。過去の出来事が現在どのように統合されてきているのかが明らかになります。

ローグ・ワンは、改めて自分の人生を振り返って、9つのエピソードを串刺しにして、まとめてみます。映画ではエピソード4の直前が描かれていますが、本書は違います。ただし改めて最初のエピソード4に戻ると、これとこれがつながっていたのかと理解していただけると思います。

私の人生をスター・ウォーズに例えるとすると、さて私は何と闘ってきたのでしょうか。

私のことをご存知ない読者が多いと思いますので、まずは自己紹介を。巻末の筆者紹介も参照してください。（2020年12月現在）

１９６３年11月　誕生（母の実家があった横浜市内の病院にて）
１９６８年　馬込幼稚園入園
１９７０年　大田区立山王小学校入学
１９７６年　学習院中等科入学、その後高等科・大学理学部数学科進学
１９８６年　学習院中等科教諭
１９９７年　東洋英和女学院大学大学院人間科学研究科修士課程修了
１９９９年　学習院大学教職課程助教授、その後准教授・教授昇任
２０１０年　大阪大学大学院人間科学研究科博士後期課程修了
２０１３年　学習院大学文学部教育学科教授（現在に至る）
２０２１年４月現在　57歳

このような経歴です。２つの大学院はどちらも教員として勤務しながら通い、修士論文、博士論文を各々執筆しました。教科外教育（特別活動、部活動、ボランティア学習、シティズンシップ教育）を中心に研究を進め、文部科学省や文化庁のお手伝いもしてきました。現在は日本特別活動学会会長、日本部活動学会副会長、日本シティズンシップ教育学会理事、日本ボランティア学習協会理事などを務めています。

人生の８割は学習院とともにありますが、高校時代からボランティアの世界に飛び込んだことで、院外で多様な人々とつながり、紡ぎ、創ってきました。それが私

の人生に大きな影響を与えたのです。本書ではまさにそのことをお話ししていきます。

さて、改めて私は何と闘ってきたのでしょうか。それは、次の2つのことと関係しています。

一つは、私はなぜ教員を目指したのでしょうか。なるまでのプロセスや、なってからの葛藤をお話しすれば、闘いの正体がはっきりしてきます。

もう一つは、いま私はボランティア学習、特別活動、部活動、シティズンシップ教育を専門としていますが、これらはどんな関係があるのでしょうか。一見関連がないように思われますが、私としては明確に、密接につながっているので、本書ではその理由もお話しします。そこには闘いが潜んでいるのです。

私にとってフォースとは何か。暗黒面とは何か。何に悩み、何を考え、何を拠り所にして生きてきたのか、これからじっくり語っていきます。

なお、高校時代から中学校教員時代までのボランティア活動については、富士福祉事業団発行の月刊「ボランティア」の2000年5月号から2001年4月号まで12回連載された「ボランティアと教育の接点を求めて」の内容を一部改変して利用しています。

01

Episode 4

そのひと言が人生を変えた
ー高校生時代ー

抑圧と闘いながらも中３で自信をつけた豊は高等科に進学しました。部活動、特別活動、ボランティア、ここで大きな転機が訪れることになります。

1　長沼、バスケ部やめるってよ

学習院高等科に入学しました。中等科が一学年4クラス、高等科が5クラスですから、1クラス分高校入試で入ってきます。別クラスではなく5クラスに10人ずつ位散らばるという方法でした。中高一貫とはいえ、中等科と高等科は、教員組織は別でしたから、違う学校という感じでした。大きく違うのは生徒指導でした。中等科は規則等についてかなり厳しく指導を受けますが、高等科はその逆で、自分で考えて行動するということが先輩から受け継がれてきていたように思います。男子校で、お坊ちゃん学校ですが、バンカラな雰囲気も残されている、そんな感じがしました。中等科からの友達もたくさんいますので、新しい学校に入ったという感じはしませんでした。

私は引き続きバスケットボール部に入部しました。すでに中3の終わり頃から、高等科の練習に少しずつ参加することができていましたし、バスケットは中学と高校ではボールの大きさが違うので、早めに高校用のボールに触れることができて、すでに練習はしていたわけです。

楽しい男子校の生活でした。友達同士で話すときは、お互いに飾ることはしなくてよい。何でも気軽に話せる、相談できる。馬鹿を言い合える。そんな雰囲気が大好きでした。

一学期間バスケット部に入部して真面目に練習に参加しました。バスケットボールの先輩は中等科からの方がほとんど一緒でしたので知っている先輩ばかりでした。一部高等科から入ってこられた先輩もいらっしゃいました。

ここで大きな変化が起きます。私は夏休みの期間、英語の先生が企画したハワイセミナーという研修に参加しました。希望者参加の行事で、約1カ月間です。

同じくバスケット部のI君も一緒に参加しました。1カ月間、部活の練習も休むことになり、監督やコーチから行くなとは言われませんでしたが、申し訳ない気持ちがありました。

そのことも一つの要因でしたが、別の要因として私は1学期の成績がとてもよかったので先生から長沼君は外部受験をするのかと言われました。色々考えてそういう選択肢もあるのかもしれないと思うようになりました。

そのようなこととさらには別の理由で私はバスケットをやめることにしたのです。これはかなり大きな、大きな変化でした。

そのほかの理由としては1人先輩で少し嫌がらせのようなことをする方がいて嫌だったのと、中等科のときとコーチが変わってどうも信頼できない方だったのです。2人コーチがいらっしゃいましたが、1人はとても信頼できる方でしたが、もう一人はいかにも体育会系ですという雰囲気のある、私の苦手なタイプでした。特にその方から厳しい指導を受けたというようなことはありませんでしたが、様々な要因が絡まって、やめることにしたのです。

この決断はその後の人生に大きな影響を与えましたので、今でもあの決断はよかったのか？と思うときがありますが、出てくる答えはよかったというものです。むしろ後悔しないようにと自分に言い聞かせて、色々なことを頑張ったということなのだろうと思います。

2　ボランティア活動、はじめの一歩

きっかけは突然訪れました。高校2年生の4月、1980年のことです。社会科の授業で、先生が「小さな子どもたちと遊ぶ活動があります。興味のある人はぜひ参加してください」と呼びかけたのがそれです。月に2回、土曜日の午後に母子寮というところ（現在は母子生活支援施設）で活動しているボランティア活動、社会問題研究会という部活で、部員が全員卒業してしまったので募集中ということでした。

小さい子どもと遊ぶというフレーズに興味をひかれたのは、バスケットをやめて悶々としていたこともありますし、教員を目指していたこともあります。そして自身が小さい頃から小さい子どもと遊ぶのが得意だったからという理由もありました。なにしろ、父方でも母方でも親戚で集まると、私が子ども世代の一番の年長で、常に遊ぶときのリーダーだったからです。

ですからこのとき、ボランティアという言葉は「枝葉」に過ぎませんでした。それ

が、まさか将来にわたって影響を与える言葉になるとは思ってもみませんでした。

母子寮の利用者はお母さんが働いていますので、土曜日の午後2時～5時に訪問して子どもたちと遊びます。子どもは3歳くらいから10歳くらいまでが対象でした。ボランティアは高校生と大学生で、学習院以外の大学やほかの高校の方もいました。

初めて先輩に連れられて訪問したときは、さすがに緊張しましたが、子どもたちともすぐにうち解け、楽しく遊んだ記憶が残っています。私には、いとこが十数人いますが、そのなかで一番年が上であることもあり、親戚が集まると必ず私が小さい子と遊ぶ役でした。母子寮の子どもたちとすぐにうち解けることができたのも、このような経験によるところが大きかったのです。また、自分にとって楽しいことを、好きなことをしているという喜びが相手にも伝わっていたのだと思います。

自分にとって楽しい時間を過ごすことが魅力で、隔週の土曜日がくるのが待ち遠しいと思える、そんな活動でした。ですから、これがボランティア活動なのだという意識はほとんどなかったのです。自己満足的なボランティア観でしかなかったと思います。おそらく、Yちゃんのひと言がなければ、そのまま楽しい活動で終始し、ボランティアということを真剣に考える機会はないままに生きてきたのではないでしょうか。

その日は、私と仲がよかったYちゃん（当時小学校4年生）が、ふさぎ込んでいました。どうしたのと聞いても答えてくれません。目も合わせてくれません。いつも明るい笑顔いっぱいの子が、今日はどうしたのだろう。学校で何かあったのかな、私が何か嫌われるようなことをしてしまったのかなと色々考えました。あまりしつこく聞いてもいけないと思い、しばらくほかの子と遊んでいましたが、ずっと寂しそうな表情のままだったので、再び彼女のもとに戻って聞いてみました。すると「長沼さんは私のお父さんに似ている」、そう言ったときの彼女の横顔を今でも忘れることができません。悲しげで、下を向きながら、絶対に私と目を合わすことはありませんでした。私が、彼女のお父さんが数年前に交通事故で亡くなったという事実を知ったのは、その後のことでした。

楽しいというだけで関わっていた私の存在や行動が、ひょっとするとYちゃんを苦しめていたのかもしれないと思うと辛かったです。彼女の悲しみや思い出に関係なく、私はただただ自分が楽しいからという理由で子どもたちと遊んでいたことに気づかされました。それは、のほほんと生きてきた私には大きな衝撃でした。ショックでその日のその後のことは今でも全く思い出せません。思い出せるのは、次の回に行こうかやめようかと悩んでいるところからです。結局行くのですが、行く前に「もしYちゃんがまた苦しそうだったら、自分はここでの活動をやめる」と決めていきました。かなり勇気がいりました。

母子寮に着くと、Yちゃんはいつものようちゃんでした。何事もなかったかのように、もとのように遊びましたが、もう私のあり方はもとには戻りません。私は改めて、ボランティアとは何か、自分は役に立っているのか、生きるとは、などについて真面目に考えるようになりました。子どもの親のことにも関心をもち、職員さんから可能な限り家庭の環境についての情報を得るように心がけました（当時は個人情報については、それほど厳格ではありませんでしたので）。人の喜びや悲しみ、社会的な課題、子どもたちの育っていく環境、などを考えるようになったのです。

それからの私は、必然的に社会の様々な問題にも目を向けるようになっていきました。ボランティア活動なら何でもやってみようという気持ちになったのです。そして実際に、機会があれば、様々な活動に参加しました。募金、交流活動、介助、イベントの手伝い、などなど。

母子寮の活動では、毎回のように活動内容や感想をノートに記入し、近くの喫茶店で反省会をおこないました。先輩、同級生たちと遅くまで討論をすることもありました。また、帰宅してからも、自分のやったことやそのときの感想などを必ず書きとめておく日誌を書くようになりました。ボランティア活動では、振り返りをして次の活動に生かすことが重要だと自然に教わったと思います。その後、ボランティア学習の学習過程の研究で、振り返りの重要性を論じるのですが、その源流は、このときの体験にあったのです。

母子寮でのボランティア活動をきっかけに様々な活動を始めた私に、強烈な印象を与えたのは障害者施設に泊まり込むワークキャンプでした。なにしろ、行く前からびっくりすることの連続だったのです。

3　泊まり込みのボランティア

母子寮の活動を始めて間もない頃、一緒に活動していた先輩からワークキャンプの話を伺いました。それは群馬県渋川市にある障害者施設に行って4泊5日で活動するものであること、主催は高校生・大学生ボランティア交流会といって、様々な高校、大学のボランティアサークルが交流する団体であること、富士福祉事業団というところが後援をしてくれているということでした。

母子寮の活動を通じて、機会があれば様々なボランティア活動に積極的に参加してみたいと思っていた私は、ぜひ参加させてほしいと即答しました。さっそく先輩に連れられて、当時新宿の雑居ビルの中にあった富士福祉事業団をたずねることになりました。当時は町井淑子さんという方が富士ビューロー（ボランティアの窓口）の担当で、友人たち3名と説明を受けました（後で知ったのですが、町井さんは日本で最初のボランティア・コーディネーターで、そんな偉い方だとは思ってもみませんでした）。お話はワークキャンプ以外のことにも及び、様々な示唆を受け、感動して帰宅したのを覚えています。恥ずかしい話ですが、町井さんが重度の障害者とおっしゃったのを

「柔道の傷害者」と聞き取ってしまい、柔道では事故が多いのだな、怖いな、体育の授業は気をつけようと思ってしまいました。いかに無知だったのかということです。それにしても、高校生のときから社会の事象に触れられたというのは貴重な機会だったと思います。

主催団体である高校生・大学生ボランティア交流会（略称＝高大生交流会）は、当初高校生と大学生のボランティアサークルの交流の場でしたが、共通に体験する機会も必要とのことで春休みと夏休みにワークキャンプを実施するようになったといいます。私が初参加した高2の夏が第11回だったので、すでに6年以上の歴史がある団体でした。ワークキャンプとは「ワーク」というだけあって、施設での作業が主目的で、施設利用者との交流、参加メンバーとの情報交換も目的となっていました。どんな参加者がいるのか、どんな施設なのか、そして自分にもちゃんとこなせるものなのか、期待と不安が入り交じっているなか、最初の説明会の日を迎えました。

歴史ある団体ですから毎年高校生、大学生だけでなくOB・OGも参加するとは聞いていましたが、会場に入ってびっくりしたのは車椅子に座った人がいたことです。その人はOBで、キャンプに一緒にいくメンバーであるとのことでした。今振り返るとそれは何でもない風景の一コマなのですが、当時の私には驚き以外のなにものでもなかったのです。ボランティア活動を始めて間もない私には車椅子の人というと介助を必要とする人としか受け取れなかったからです。車椅子の人もボランティア活動をするということを認識する機会となりました。私は自分が生きてきたそれまでの世界の狭さを恥じると同時に、ボランティア活動によって自分の視野が確実に広がっていくのを感じました。

夏休み。4泊5日のワークキャンプが始まりました。キャンプといっても宿泊はテント

ワークキャンプ中にポーズ

生活ではなく、施設の中のボランティアルーム（男女別の部屋）で雑魚寝でした。参加者は20数名、そのうち高校生は私を含めて5名ほどだったと記憶しています。以下、キャンプの内容を3つの目的に沿って簡単に紹介します。

第1に施設での作業。大学生の作業リーダーが施設の職員と打ち合わせをして作業班のメンバーと場所、内容を発表します。午前と午後各3時間ほど汗を流すことになります。壁のペンキ塗り、草刈り、セメントをこねて屋外の通路づくりなど本格的なものもあり、ボランティアといえども責任があるなと感じたほどです。施設も今ほど整備されていない状態で、ボランティアの作業量もかなり期待されていたようです。その意味では施設づくりに関与しているという喜びも得られるものでした。

第2に施設利用者との交流。レクリエーションゲームや卓球を一緒にやったり、居室でお話をしたりというものでした。授産施設のためか、利用者のおこなう作業につ

いて話題にのぼることもありました。

第3に参加メンバー間の交流。作業だけでなく生活の様々な場面で協力しあうようなシステムになっていました。例えば食事は米持参で自炊ですが、食事当番も分担しておこないます。夜にはディスカッションをおこない、障害者問題やキャンプのことなど多様な題材について意見交換をおこなう場が用意されていました。

このように、かなりハードスケジュールでしたが、高校生にとっては体力面でどうということはなく、むしろ精神面で鍛えられるのを感じました。とにかく先輩のあとについてやったという感じで、主体的に何かをなしたというものではありませんでした。それだけ吸収するものが多く、それらを自分自身のなかで噛みくだいていくだけで精一杯という状態でした。

では、ワークキャンプから、どのようなことを学んだのでしょうか。

第1に高校生として改めて大学生のすごさを知ったということが挙げられます。特にディスカッションにおける発言は真剣そのもので、例えばボランティアとは、障害者福祉とは、作業をすることの意味は、ワークキャンプの意義は、など激しいやりとりがありました。高校生には口をはさむ余地もないほどレベルの高い白熱した議論を展開していて、圧倒された感がありました。ボランティア活動によって世の中を変えるというような意気込みすら感じられるものだったと記憶しています。こうした場が存在することの意義は、高校生と大学生という立場を超えた「異年齢による育ちあい」

なのだと思います。

第2にワークキャンプの趣旨を考えたり、作業をしたりする過程で、ボランティア活動とは社会的課題に向き合うことだと実感したことです。ボランティア活動の様相には様々な側面があります。母子寮の活動では目の前にいる子どもたちとの関係性、いわば他者との関わりという切り口でボランティア活動をとらえることが多かったのですが、ここでは違った観点でボランティア活動をとらえることができました。ボランティア活動の奥深さを認識する機会になっていました。

第3に初めて車椅子に触れたり施設の状況を知ったりと新たな知識や技能を、経験を通して学んだことが挙げられます。ボランティア活動とは単に他者や社会の役に立つという行為にとどまらず、主体的な学びを引き出す可能性をも秘めたものであることを確信したのです。私がその後、ボランティア学習の研究に引き寄せられていった原点は、このワークキャンプで自身が学んだ体験にあるのではないかと思うのです。

4　高校の全国大会を仕切る

社会問題研究会のメンバーは顧問の越田先生の関係もあって、夏に高校ユネスコの全国大会に参加することになりました。越田先生が高校ユネスコの役員をしていたからです。高校2年のときは九州の熊本県、阿蘇にある国立青少年自然の家（当時の名称）でおこなわれました。確か大阪から船に乗って九州に行くというコースでした。途中の港でそれぞれの地域の高校生が乗ってくるという企画だったと思います。何しろ全国の高校生と交流するというのは初めての経験でしたが、大阪からすでに交流が始まっていたわけです。群馬県の高校生などと一緒になって、船の中から交流し現地に向かいました。

これは私の視野を大きく広げることになりました。それまでは私立の男子校という狭い空間の中で生活をしていましたので。

現地では全体会と分科会がありました。内容はよく覚えていませんが、とにかく全国の高校生と知り合って住所交換をして楽しく交流をしたということが記憶に残っています。自然の家の居室の印象は、申し訳ありませんが刑務所のようなところで、ずらっと病院のようなベッドが間隔をあけて並んでいました。朝礼もありました。自然の家の職員の方が朝礼の司会をされていました。そのときの職員の方の言葉は今でも覚えています。「３つのあいを大切にしましょう。出会い、ふれあい、語り合い」というものでした。結構気に入ったフレーズだったので、その後色々なところで自分自身も使って紹介をするということをしていたと記憶しています。たくさんの高校生と住所交換をしましたので、メールもＬＩＮＥもない時代でしたから、その後たくさんの仲間と郵送で手紙のやりとりをしました。これは普通に生活をしていたら、普通の部活に入っていたらできないことでしたので、社会問題研究会に入ったことはとても意義があると当時思っていました。

高3になったときの大会は、茨城県の施設で実施する大会で、茨城県の高校生を中心とし、関東の高校もお手伝いをして実行委員会を組織するというやり方でした。私たちも経験者ということで実行委員に入りました。これも大きな経験でした。実際に大会の準備、当日の運営、様々な形で企画から運営に関わるということは大きな経験となりました。学習院からはM君が副実行委員長として入り、私は違う役でしたが一緒にイベントをつくっていくという経験ができました。

高校ユネスコの全国大会には全国の高校生が来ますから、当然のことながら引率をして来られる先生方もいらっしゃいます。私たちとしては生活の場面において、できるだけ先生方の負担を少なくしたいと考え、生徒による自主運営を目指しました。私たち自身が自分たちで生活のことを考えて、注意を受けるようなことがないようにする。夜の見回りも普通であれば先生方がするのかもしれませんが、私たちは私たちの手できちんとし、寝るときは寝ますと宣言し、自分たちで見回りもしました。もちろんそれをよろしくないと思う高校生もいて、トラブルになりかけたこともありましたが、それも含めて自分たちで解決をし、自主運営を目指したわけです。見回りをしているM君に対して物を投げて抗議をする高校生がいたらしいのですが、翌日悪いことをしてしまったというお詫びの言葉が、当該地域の代表の高校生からM君に寄せられました。自分たち高校生が自分たちで大会をつくっていくという経験は、私にとって貴重なものとなりました。

中身のほうですが、私は国際理解の分科会に出ました。確か司会をしたと思います。30人ぐらいの高校生がいましたし、先生方もいらっしゃいました。そのなかでいかにして国際理解を深めるかということを協議したと思いますが、中身はよく思い出せません。春休みに行った中国の話をしたと記憶しています。日中友好をどのように進めるのか、まずは言葉の理解あるいは言葉でなくても通じるものがある、それを基盤にして理解を相互に進めていったらよいのではないか、そのような発言をしたと記憶しています。

ユネスコの理念も学びました。ユネスコ憲章の前文にある文です。

「戦争は人の心の中で生まれるものであるから、人の心の中に平和のとりでを築かなければならない。」

多くの学びが得られた高校ユネスコ全国大会でした。

5 訪中団で国際交流

高校2年生の春休み、社会問題研究会の活動の一環で高校生の友好訪中団に参加しました。これは顧問の越田先生の知り合いで、大阪の淀川工業高校の金治先生が主宰をされている訪中団でした。友好交流が目的の団体です。ここに先輩たちも代々何人か参加をしていましたので、私も参加しました。海外に行くのはハワイに続いて2回目でした。当時の中国は今ほど発展していませんでしたので、人民服を着た方々が町中を歩いているというような風景でした。私たちの団は江蘇省という地域で様々な学校を回って交流するというものです。中国の歌を中国語で覚えて歌うこともしましたし、日本の歌や、大阪の河内音頭を練習して踊って披露するということもやりました。

先生方の知り合いの高校で、東京、名古屋、大阪からの高校生が参加、いわば寄せ集めの集団ですから、団のメンバー間の交流もしながら中国の高校生と交流をするということになります。環境も様々、高校も別々、そのような私たちが一緒になって生活をし、練習をし、一体となっていくのはなかなか時間がかかります。私は立候補して、2つの班のどちらかの班長になりました。班長はバスに乗ったら点呼をとること等をしていた記憶があります。寄せ集めの集団はなかなかまとまりませんが、あるとき徹底的に議論をしようということになり、お互いに言いたいことを言い合うという時間がありました。これは意図的に先生が設定してくださった時間だと思います。ホテルの会議室のようなところが予約してあり、そこでの議論です。かなり言い合いも続きましたが、よりよくしていくしかないということになったと思います。みんなで考えて、その後さらに学年別のミーティングを開きました。私は2年生でした。3年生に遠慮して班長なのになかなかうまくできないということがあり、その点を気にしていましたが、ミーティングを終えた3年生たちから長沼がリーダーをやるんだと言ってくださいました。交流会のときに最初に挨拶をするとか司会をするとかの役割です。遠慮していた自分を反省するとともに、先輩たちからそのような言葉を得たことで、先生方の助言があったのだと思いますが、とにかくやるしかないと思いました。それから私たちは練習に身が入るようになりました。

ある朝、ホテルの外で歌の練習をしていたのですが、あいにく雨が降ってきました。建物の中に入るかどうしようか迷ったのですが、それならちょうどホテルの玄関まで歩いて歌って帰れば終わるのではないかと提案をし、みんなでそのまま歌を歌いながらホテルの建物のほうに歩いて戻りました。そのことは先生が覚えていてくれて、君たちのあのときの歌声は今までとは違う、まとまってきたとおっしゃってくださったのです。その日の高校での交流会を終えたとき、先生方はよかったよ、君たちが一つにまとまったんだねと言ってくれたのが妙に嬉しかったです。

さて訪中団もいよいよ解散になりますが、飛行機の都合で東京の成田に降りて大阪と名古屋のメンバーはそこで一泊して翌日に帰ることになりました。私たち東京メンバーも同じホテルに一泊し、翌日家に帰ることにしました。それだけ仲がよくなっていたのですね。2週間位だったと思いますが、一緒に頑張ったメンバーともいよいよお別れの場面です。東京駅の新幹線ホーム。私たち東京メンバーはここでお別れです。私は一番仲がよかった大阪のK君という男の子と別れるのが妙に辛くて、K君を見たら、ごつい男ですが、ボロボロ泣き始めたので、ついに私ももらい泣きをしてしまいました。確か彼と駅のホームで抱き合ってお互いの健闘を讃えたのを覚えています。駅のホームで泣くなんて初めての経験です。感動の嵐でした。次々とみんなが泣き始め、そしていよいよ団のテーマ曲、これは毎年変わるのですが、私たちのときは野口五郎さんの「コーラスライン」、それをみんなで歌ってお別れをしましたが、泣き崩れていました。人と人とが絆を結んでどのようにやっていくのか、そのことを学んだ旅でした。中国との友好交流の団でしたが、メンバー間の交流から学んだことのほうが大きかったのではないかと思います。

6　生徒会活動にいそしむ

訪中団の経験は自分自身がリーダーシップを学ぶよい経験になりました。そのときに高2で一緒だった大阪のF君が、長沼君は生徒会をやったほうがいいよと勧めてくれました。彼も生徒会の会長をしていたということでした。そんな彼が君は向いているよと言ってくれたので、私は自信をもってやってみようと思ったのです。高3の最初です。

高等科の生徒会には総務委員長という役割がありますが、これは他の学校では生徒会長にあたります。これは選挙がありますが、立候補者は私一人でしたので信任投票になりました。頑張って選挙運動をして当選し、様々なことを手がけました。運動部だけでなく文化部も盛り上げよう、そのような公約も掲げたと思います。また部活動の情報をもっと一般の生徒と共有すること、例えば大会だけでなく練習試合の結果を知らせて、みんなで応援をしあうことが大事なのではないかということも提案しました。このときから、部活動の活性化をしていたのですね。不思議です。

当時新聞部が紙媒体の印刷物の新聞ではなく、壁新聞（これは模造紙に書いてあるもの）を発行していたので、新聞部の人たちにも協力してもらい、私の考え方を壁新聞に発表させてもらいました。文化祭やその他の行事にはそれぞれの委員会があって委員長さんがいましたので、そちらにお任せをして、私は生徒会全体のことを進めていくことにしました。特に生徒会の選挙については改革をおこないました。それまでは放送による演説、教室での投票というやり方でしたが、よりわかりやすい生徒会、透明性を担保した投票のあり方を考え、体育館で全体の演説会、そして投票はその場でおこなう、さらに開票も一般の生徒からも見えるようにしてできる形にする、という改革をおこないました。

生徒会の活動を通じて、自分がリーダーとしての素養を身につけることができたと思います。もちろんうまくいかないことも多々ありました。そのときにどうすればよいのか、委員の仲間と解決策を考えたり協議したりして実行していくこと。これはなかなか大変でしたが、よい経験でした。

学習院には附属戦という伝統行事がありました。筑波大学附属高等学校とのスポーツの定期戦です。運動部の各種目の対抗で、その勝敗で総合優勝を決めるという伝統行事でした。中学もかつてはあったのですが全体のイベントはなくなり、各競技の対戦になっていました。高校の場合はずっと続いていましたので、私たちのときもありました。その実行委員にもなりました。学習院は男女別々の学校で、高等科と女子高等科ですから、附属と合わせて3つの学校の生徒が集まって実行委員会を組織します。そこで女子部の生徒とも一緒になり、ドキドキしながら一緒に準備を進めた記憶があります。何しろ男子校ですから、女子に会うことは普通ありません。ですからそれも貴重な機会でした。ただし、どのように話してよいのか全くわかりません。この点は男子校にいたデメリットといえるでしょう。本当に全くわからないのです。話になりませんね。

髪がボサボサな高校生時代

私の役割は出場団体のお世話をする「出団委員会」。一般の生徒も参加できる一般種目の試合もありましたので、その手配をすることが大きな役割でした。会場はどこなのか、時間はどうするのか、審判は誰がするのか等々、その競技の部員等とも連携しながら準備をしていく役割でした。

次に文化祭ですが、これも実行委員をやりました。総務委員長として側面からバックアップをするという役割でした。ちなみにこの実行委員長はN君でした。N君は中1のときからバスケット部で一緒、彼も私も途中でやめてしまいましたが、ずっと信頼関係があって私のことも理解をしてくれる男でした。彼のおかげで自治活動とは何かということを学んだと思います。なんだか同級生とは思えないほど、自分よりも精神年齢が高かったと記憶しています。その彼が文化祭を盛り上げようと頑張っているので、私も全面的に生徒会を挙げてバックアップするという体制を整えました。中身のことはよく覚えていませんが、高3の学年全体でよりよいものを目指そうという雰囲気があり、よいものができたと記憶しています。

今でも覚えているのは、N君が周囲の反対を押し切って、社会問題研究会は素晴らしい活動をしているのだから、文化部としてよい場所で発表すべきだと言ってくれ、1階の最も人が通る所に会場を配置してくれたことです。これは嬉しかったです。一生懸命準備をし、教室をレイアウトし発表しましたが、期待に応えられたかどうかはわかりません。文化祭は、当時文化部の発表というよりも、喫茶店とかライブハウス的なもの、楽しいものがメインとなりがちです。しかし、文化部の活動は大事だからとN君が言ってくれたことは、意味のあることでした。私自身も文化部の活動を大事にしたいということで生徒会をやっていましたので、彼と意見が一致していて、その観点から文化祭を盛り上げることができたのだと思います。これはその後、部活動を考えるうえでも大きな意味をもつ出来事だったと思います（まさか国の文化部活動のガイドラインを策定することになるとは……)。

7 淡い思い出

今までの話のように、男子校の生活でしたので、女子と自然に話をするということは全くありませんでした。そういった環境の中で育ちましたので、女性と話すとドキドキしてしまいます。普通に友達のように話すことはどういうことなのかわからないわけですね。小学生のときは普通にやっていたのですが、意識をしてしまうということもあり、難しかったのです。まあそれでも好きになるということは当然あるわけで、当時はＬＩＮＥもないしメールもありませんので、電話か手紙ということになるわけです。電話といっても携帯はありませんので、相手の家に電話することになりますから相手の家族にも誰からかかってきたのかわかってしまいます。逆の場合も私の母が電話に出ますので、わかるわけです。高校時代にお付き合いをしたということもなく、彼女がいるといいなぁと思ったことはありますが、意識しすぎてしまうということもあるのか、うまくはいきませんでした。

私は厳しい母に育てられましたので、ひたすら相手に服従するか、逆にこちらが服従させるかという視点でしか見ることができませんでした。直近の女性である母を、女性のモデルとして学んでしまったのです。そんなわけですから、対等の関係性でお付き合いをするなどということはできるはずがありません。そのような高校時代でした。

ちょっとしたエピソードがあります。部活の後にはＩ君と一緒に帰ることが多かったです。お互いにバスケットをやめて、同じ社会問題研究会に入ったからです。彼は背が高くてかっこいいので、ある女子校の生徒から好きになられたらしく、何やらデートの約束などもするという段階までいったようでした。ところがＩ君の母親は、とても厳しく、女の子から電話がかかってくるなどということは許されないという家でした。私の場合は、抑圧的な母でしたが電話などはウェルカムということで、それは訪中団の関係やらボランティア関係で女の子から電話もありましたので、その点はダメということはなく、理解をしてくれていたのだと思います。そこでＩ君は、私を介して連絡を取るということを考えたのです。彼女から電話があり私と話します。そしていつ会おうかという話になるのですが、それならということで、私も一緒に駆り出され、向こうももう１人、つまり４人で会うということが何回かありました。とにもかくにも、まぁそれはそれで楽しいことでした。ところがこの話はそれでは終わらず、なんと彼女が私を好きになってしまったようなのです。戸惑いました。告白されたわけではないのですが、察知した私はまずいなと思い、もちろんＩ君に話せるわけもなく、自然消滅を狙っていくしかなかったのです。これは結構辛かったですね。

ユネスコ全国大会やら、ボランティア関係で女の子に会うこともありましたが、好きとかには関係なく色々な人と文通をしていました。また訪中団でも素敵な子がいましたので、その後しばらくは文通をしていましたが、長くは続かなかったのです。ところがその中で訪中団の名古屋の女子校の女の子とはとても気があったので、しばらく文通が続いていていて告白もしました。向こうもオッケーということで、しばらく続いていましたが、大学に入ってやはり大学の生活がそれぞれにありますので、結局長くは続かなかったのです。一度電話を30分ぐらいしたことがありましたが、ひと月の電話代が1万円を超えてしまい、母が不審がって、電話局に調べて名古屋に電話をしているということがわかってしまい、叱られたことがありました。家では電話ができなくなってしまったわけですね。そうなるとテレフォンカードを使って電話をするということができるようになっていましたので、外の電話ボックスから緑色の電話を探してそこで電話をするということはあったと思いますが、しかしそれは面倒なので結局電話をしないまま時は過ぎ去っていってしまいました。ただなんとなくその子のことは気になっていましたので、大学生の生活が終わる3月の最後だと思いますが、私は名古屋に会いに行きました。何を言いに行くのか、向こうも察知していたのだと思います。楽しい思い出を作ってくれ、色々なところに連れて行ってくれました。いよいよ私は東京に戻る新幹線に乗りますが、駅のホームで私は紙を渡しました。好きでした。好きになってよかったと。過去形です。彼女もそこにどういうことが書かれているのかわかったのでしょう。新幹線が発車して動き出してもずっと見送ってくれていたのですが、それはまるでドラマのシーンのようでした。またまた新幹線ホームのことです。それからしばらくして、彼女から結婚するという知らせがありました。

8　ボランティアは親から逃げる口実になった

高校時代のボランティア活動。それは私にとってその後の人生を変える大きな出来事となっていたのです。社会的に意味があること、バスケットを続けていたら絶対に経験できないことをさせてもらったことは大きな意味がありました。それは社会問題研究会の活動だけでなく、今までお話をしてきた訪中団や高校ユネスコ全国大会などの全てにおいてでした。母子寮の活動も大学まで続けることになりますが、ボランティアは私にとってライフワークのようなものになっていたのでした。

あとから考えてみたのですが、私がそのようにボランティアの世界にのめり込んでいったのには、別の理由があるのではないかと思っているのです。それは母から逃げること。抑圧から逃げることです。なぜかというとボランティアをしているというと、悪いことをしているとは思われません。不良の生徒がどこかに行って遅くに帰ってくるということではありません。ボランティアをして遅くに帰ってくる、そのこと自体で注意を受けることはありませんでした。これは好都合でした。実際、母子寮の活動では喫茶店が閉店になるまでずっとみんなと話をしていました。そして戻ってくるのは21時を過ぎていたでしょうか。そのような生活をしていました。一般の高校であれば受験がありますから、塾や予備校に通ってもっと遅く帰ってくる生徒もいるでしょう。私の場合は大学受験のない高校というメリットを有効に利用していたといえるでしょう。母子寮だけでなく、様々なイベントのお手伝いなどにも参加し、ワークキャンプ活動にも関わっていきますが、それで時間をとられていても、親からは注意を受けません。私はボランティアを利用していたことになります。ボランティアをしている自分を見せていれば、注意を受けることはない、もしかしたらそのように思っていたのかもしれません。何よりも家にいる時間が少なくなり、抑圧を受ける時間が少なくなります。母から逃げる好都合な理由が見つかったということです。あとから考えれば、ということなのですが、高校時代あるいはこの後の大学時代の活動には、そのような意味も付与されていたのではないかと私は思っているのです。

9 進路で悩む

高等科から大学への進学についてですが、当初から指定校推薦で慶應義塾大学の理工学部への進学を考えていました。理系を履修している生徒が申し込むことができます。中学受験で叶えることができなかった慶応に入ることができるとよいと思ったわけです。結果はダメでした。2名の枠があったのですが、1人は理系で一番優秀な生徒でした。二人目の枠を私とO君のどちらになるか、結果として選ばれたのはO君でした。総合成績で見ると私のほうがよかったのですが、理系の科目（数学と理科）で見ると、O君のほうが優秀だったということです。私は理科が全くだめでした。ですから、仕方ないことだなと思い納得しました。もし私が慶應に進学していたら、人生は大きく変わっていただろうと思います。

さて、となると学習院大学の理学部数学科を目指すことになるのか。教員になることを考えていましたので、必ずしもそれは学習院でなくてもできるのではないか。小学校の教員になるとすると、学習院大学では当時小学校の免許は取得できませんでしたので、違う道を探したほうがよいのではないか。その場合は、例えば国立の教員養成課程がある大学を受験するという選択肢になります。色々な可能性を考えました。

先生方に相談もしました。筑波大学に指定校推薦で進学した先輩を紹介してくれた先生もいらっしゃいました。実際に先輩がわざわざ学校に来てくださって、話をしてくださいました。一方で別の先生からは、筑波大学はやめたほうがよいという助言をくださる方もいて、私は大いに悩みました。学習院大学の教職課程事務室に連れて行ってくれ、教員の採用状況を把握させてくださった先生もいらっしゃいました。どちらを選んでもよいように、当時の共通一次試験の受験申し込みはしておきました。

かなり悩んだ末に出した結論は、私は学習院が好きであるということ、小学校の教員にはなれないが中学校の教員になることを考えればよいのではないかということ、そのように考え、内部進学で学習院大学に進むことにしました。最終的に判断したのは3年生の11月か12月になってからのことでした。どちらを選択すればよかったのか、それはわかりませんが、引き続きボランティア活動をライフワークの一つとしてやっていく、そのような道を選んだことになります。（それにしても、高校時代に、その後勤務することになる教職課程に足を運んでいたとは、これもまた全くの偶然でした。）

02

Episode 5

人と関わる大切さを学ぶ
ー大学生時代ー

大学に入学した豊はボランティア活動を本格的に実践していきます。教員になるという夢を実現するため種々の体験を通してリーダーシップを学んでいきます。

1　数学で落ちこぼれる

１９８２年、学習院大学理学部数学科に入学しました。数学科は1学年約50人でしたが、私たちの学年は珍しく女子のほうが少し多い学年でした。数学は得意なほうでしたが、大学受験を経ていないということもあり、実際にはそれほどでもないと気づきました。そして大学からの数学は学問としての数学ですので、論理的な思考が必要で、抽象度が上がって、数字がほとんど出てきません。したがって論理学あるいは記号学のような感じを受けました。高等科の３年の最後に大学の予習をしておくからと先生が50分授業５回か６回を使って複素平面の授業をしてくださいましたが、大学ではわずか1回１００分の授業の中で終えてしまいました。これにはたまげました。

そして授業は講義と演習のセットになっていて、講義ではひたすら説明を聞く、黒板の文字をノートに写すという作業になります。演習は演習問題を解く、つまり黒板に担当の問題の解答を書いて添削してもらうというやり方でした。ほとんどが証明問題になりますので、添削では、おかしいところは指摘が入るというやり方でした。

講義は1年生では必修は2科目ありましたが、一人の先生は主任の先生で、ほとんどは雑談なのです。教科書がありましたので、それを読んでおけということで１００分のうち５分か10分が説明ですが、残りは雑談でした。そしてあとは演習でよろしくという授業でしたので、腹が立ちました。もう一つの授業はとにかく黒板に書きまくる。それも読みにくい字で書く。視力がちょっと落ちていたので、メガネを生まれて初めて買ったほどでした。100分、とにかくしゃべりまくって、黒板を書きまくる。数学科ではそういう授業が当たり前のようにありました。ノートに書かないで、写真に写せばよいのではないかと思ったほどです。中学の教員を目指していましたので、正直言ってこれが授業なのかと不満に思うことばかりでした。これで給料もらっているのかと思ったこともあります。その中で授業として上手だったのは、のちにゼミに入ることになる片瀬先生。教員免許もお持ちで、実際に高校で教えられた経験もありました。もう一人は浅枝先生で、板書もきれいでしたし、説明もわかりやすかったです。あとは演習の授業でしたが、助手、今でいう助教の奥津先生の授業は圧巻でした。

数学を真面目に勉強？

ノートも何も持ってきません。手ぶらで現れるのです。チョーク1本でひたすら説明をしまくり、黒板にきれいにわかりやすく書いて1時間を終えます。これは職人芸と呼べるようなものでした。それ以外の授業はとにかく一方的な授業で、説明もわかりにくく、こちらはただノートに写すだけという授業でしたので、私は授業にはほとんど出ないことにしました。そんなことがあり、すっかり数学で落ちこぼれてしまいました。とにかく何を言っているのかわからない。何がわからないかがわからないのです。これは小中高の授業でも算数や数学では同じことがいえるのではないでしょうか。その意味では、ここで落ちこぼれたことはとてもよい経験になりました。何がわからないか、どこがわからないかが、そもそもわからないのです。そのことを、身をもって体験しました。

４年生になってゼミに分かれるのですが、わかりやすい授業をしてくださる片瀬先生のゼミを迷わず選びました。実際に片瀬ゼミの先輩には中学や高校の教員になった先輩も多く、先輩からアドバイスを受けることができ、とても有意義でした。６人のゼミでしたが３人と３人に分かれて、それぞれ別々の本を読んでいくというものでした。大きな学びがありました。３人ですので、とにかく自分たちで英語の本でしたが、それを読んで理解し先生の前で説明をします。いきなりというわけにはいきませんので、サブゼミと呼んで、そこで３人で黒板を使って練習し、議論し、どのように説明をすればよいかを真剣にディスカッションしました。サブゼミのおかげで、先生の前ではその通りだ、なかなかよい説明だねと褒められることもありました。足立君と藤井さんでしたが、今でも感謝しています。数学科では様々なことがありましたが、学びという視点で見ると、やはり４年生の主体的な関わりをするゼミはとても有益でした。

2 ボランティア活動はあっけなく終わる

大学生になっても母子寮の活動は続けました。後輩たちも入ってきて、一緒に活動しました。学習院以外の大学生や高校生も一緒でした。様々な子どもたちとの関わりを通して、社会的課題としての、そして福祉的な要素としての母子生活支援の重要性を考えることができました。Yちゃんのひと言があって以来、私は真剣にこの社会的課題に向き合い、子どもたちにとっての遊び、ふれあい等について深く考えていくようになりました。

大学2年の頃だと思いますが、寮長さんが変わって新しい方が来られました。その方はボランティアの受け入れについて反対の考えをお持ちの方でした。ボランティアの受け入れをしないという方針に変わり、私たちの活動は終わってしまいました。そのことから、前の寮長さんのおかげで、私たちの活動が認められていたのだと再認識させられました。福祉施設ですから、ボランティアの受け入れをするかどうかは施設側のあり方、考え方で決まります。当然のこととして受け止めはしましたが、交渉はしてみました。2回か3回通ったと思いますが、方針は変わりませんでした。真剣に取り組んでいた活動でしたが、あっけなく終わってしまったのです。あの子はどうしているだろうか、元気かな、などと思うことがありましたが、もはや会うことはできなくなりました。母子寮の活動はこのような形で終わったのです。

3　ワークキャンプボランティアでのリーダー

ワークキャンプの活動には、その後も参加し、福祉について強く関心をもつようになっていきました。同時にキャンプというイベントの魅力にもひかれていきました。それは企画・準備段階から当日の運営、そして事後の文集づくりと協同で一つのものを作り上げていくことの楽しさと喜びを知ることによって「他者とともにある自分」を確認することができたからでもあります。やがて、それは単なるイベントへの参加から、主体的に創ってみたいという思いに変わり、リーダーになって一からキャンプを創っていく作業に関わりたいと思うようになっていきました。

私が大学1年のときにおこなわれた第16回ワークキャンプには、作業班のチーフとして参加し､高校生のときよりもより主体的な関わりをすることができました。ただ、このときは会の存続が危ぶまれたなかでのキャンプだったこともあって、メインリーダーをされた先輩は、とにかく会のメンバーの結束を図るために実施するのだと意気込んでいたのを覚えています。ボランティアサークルの場合、どのような会でも「継続することの難しさ」は存在すると思われます。特に学生ボランティアの場合は、必ず数年でメンバーが入れ替わりますので、会の目指す方向性を維持し、結束を固め、さらに発展させるのは至難の業といえるかもしれません。

当時、それまで8年続いてきた「高校生・大学生ボランティア交流会」も、初期の頃とはかなり違う形態になっていました。当初は、文字通り高校生と大学生の各々のボランティアサークルが交流し、共通体験として春と夏にワークキャンプをおこなうという場でしたが、そうではなくなってきていたのです。まず母体である各学校のサークルの世代交代がうまくいかなくなり、交流会へ継続的に人が入ってこなくなってきていたのです。その結果、サークルの代表が集うのではなく、個人的なネットワークで人集めをするような寄せ集めの集団になっていたのです。したがってそのときのリーダーは、キャンプの参加者を自分の学校だけでなく、広く募っていくところから準備を始めるという責務を負うことになってしまっていました。伝統を大切にしつつ、新たな状況にも適応していく必要がある時期に、私はリーダーになったのです。

結局、第17回、18回、20回と3回もメインリーダーをやりました。大学2年と3年の時期です。半年に1回のキャンプとはいえ、準備から最後の文集完成まででちょうど半年かかるため、終わるとすぐに次のキャンプの準備に入るということになります。リーダーになると、施設との交渉、広報、初参加者への説明、各部門のチーフとのミーティング、当日の運営など様々なことを進めていかなければなりません。私にとっては、それらのすべての経験が、今の私を形づくる血や肉になっているといっても過言ではありません。

ワークキャンプは出会いと語り合いの不思議さや、人と人との連帯性を実感する瞬間でもありました。3回もリーダーを務めると、そのあたりの呼吸が読めてきて、各場面で意図的に演出することもできるようになるものです。このとき、私は「人と関わること」の面白さと大変さを体得し、たくさんの「人」と関わる教員という仕事を強く意識するようになっていました。ワークキャンプの経験が、小さい頃からの夢であった教員という仕事を、単なる憧れから具体性をもったものへと変化させるきっかけになったことは間違いありません。

福祉施設に寝泊まりしながら、作業、施設の利用者との交流、メンバー間の交流をおこなうワークキャンプ。そのリーダーの経験が、私のライフワークともいうべき「ボランティアと教育の接点を求める営み」の原点になっていることに気づきます。それは次のような点からです。

第1にリーダーとしての素養を、経験を通して学んだことは、教員という職業に就くうえで非常に役立ちました。キャンプの企画・準備・運営の全てを通してリーダーシップトレーニングを受けていたようなものです。キャンプ参加者のモチベーションを高める工夫、集団をまとめていくための手法、レクリエーションの手法などは、のちに教員になってから大きな助けとなりました。

第2にキャンプ参加者の内面の変化に注目していたことで、ボランティア活動の学習性を実感しました。特に高校生から教えられることが多かったのです。たった5日間とはいえ、高校生が変化していくさまを間近で見ていて、ボランティア活動のもつ「学習性」を強く意識するとともに、教員になったらボランティア活動を生徒と一緒にしてみたいという希望が湧いてきました。また、これからの教育には、このような体験学習が確実に必要になってくるであろうとも考えていました。私はボランティア学習の研究において「ボランティア活動によって、自己内対話と社会との対話の、いわば内と外との関係づくりがおこなわれる」という主旨のことを述べていますが、その原点はこの体験にあります。

第3に施設職員の姿をみて教員になる夢を再確認しました。1980年代半ばといえば校内暴力の吹き荒れていた時代で、果たしてこんな自分が教員になって務まるのかと不安を強く感じていたものです。実際、教員になることを何回も断念しようと思いましたが、ワークキャンプで施設職員の利用者に対する接し方にふれ開眼しました。それは一人一人に対してその人固有のよさを引き出すように接していくという姿でした。私なりに「教育の原点はこれだ」と感じたのです。

このような貴重な体験をさせてもらっていた私には、大学時代のボランティア関係で、もう一つの「居場所」がありました。それは、その後の私に多大な影響を与える中・高校生のボランティアの全国集会「活動文化祭」です。これもまた、私にとっては刺激的な世界でした。

4　ボランティアの全国大会での衝撃

10代のボランティアが集い創る「活動文化祭」（主催：日本青年奉仕協会、日本ボランティア学習協会）という集会がありました。第1回開催が1981年、ヤングボランティアの全国大会でした。毎年8月に3泊4日で、当初は東京で開催していました。内容は、ボランティア活動の共通体験、ディスカッション、日頃の活動内容の発表、参加者全員によるイベント創りなど盛りだくさんです。全国から200人、ボランティア活動をしている中・高校生と教員が集まります。

第1回のとき高校3年生としてこの集会に参加した私は、ワークキャンプと同様にイベントを創っていく面白さやそこで出会う様々な人々との交流の素晴らしさに魅せられていました。そこで翌年の第2回からはボランティアスタッフとして参加し、イベントの準備段階から関与しました。これは大学時代ずっと続きました。（ちなみに教員になってからも参加しました。）

全国からやってくる中・高校生は、出身地域がバラバラになるように、いくつかのグループに分けられます。一つのグループは10人くらいで、そこに一人ずつスタッフが入ります。スタッフの役目は4日間彼らに寄り添い、お互いのメッセージを発信させ、ときには自分の体験を話したりする、一種のファシリテーター（あるいはチューター）のようなものでした。

最初は皆緊張していますが、同じ悩みを抱えていることがわかると、次第に心を開いていきます。当時は、今ほどボランティアという言葉もメジャーではなかったため、ボランティア活動をしている中・高校生の共通の悩みとしては、周囲の生徒や親の無理解がもっとも多かったのです。「受験勉強しないで、ボランティアとは・・・」とか「偽善者だ」という声に、どう反論するか、皆真剣に語り合いました。

最終日の全体討論で「ぼくは、いじめられている。いつか相手を刺してやろうと思い、ナイフをいつも持ち歩いている。でも、ここで共感しあえる仲間がいることを初めて知った。だから明日からは持つのをやめようと思う」と泣きながら語った男子生徒もいました。そして最後は、皆決まって泣き崩れます。不思議な世界でした。たった4日間とはいえ、ボランティアという共通のキーワードで共感できたのでしょう。別れが辛いのです。

そんな彼らから学んだことは、人と人が出会い、語り合い、切磋琢磨していく、これこそが教育だということでした。そして絶対教員になると固く決意したのです。

ちなみに活動文化祭で私のグループの生徒だったH君は、のちにボランティアスタッフを経て教員になります。今では某県の教育で重要な役割を担っています。

5 ボランティア学習との出会い

活動文化祭は、引率者として参加してくる教員に会うことも楽しみの一つでした。その理由としては、私が教員を目指しているということもありましたが、それ以上に、どの教員も個性的で自分が今まで出会ったこともないようなタイプの教員も多く、刺激的だったからです。

当時、ボランティア活動を学校教育でおこなうという熱意をもった教員は、相当苦労して取り組んでいたのだろうと推測されます。今ほどボランティア活動の教育的意義が認知されていたわけではなく、余計なことをしているとみられる風潮もあったのではないかと思うからです。「ボランティア活動＝＋αなこと、余裕のある人がすること」というイメージがあるなかで、そのようなことを進める教員への風当たりはきっと強かったのではないでしょうか（特に同僚教員からの）。そのような固定観念すら吹き飛ばしてくれるパワーあふれる教員たちを前にして、「このパワーこそこれからの教育には大切だ」と思ったものです。そして、自分もそのような教員になりたいとも。

パワフルな教員に指導されてやってくる生徒たちも、また個性的でした。「この親にしてこの子あり」なる言葉がありますが「この教員にしてこの生徒あり」です。前向きに取り組む人が多く、一緒にいてオーラを発しているような感じを受ける生徒も結構いたように思います。

この点は、近年のボランティアの傾向とは、やや異なっているのではないかと思います。当時は、まだボランティアがマイナーだったわけですが、それゆえ社会変革という視点がどこかにあったように思います。ボランティアの手によって社会を変えるという大げさなものではないにしても（そのような主張をする高校生もいましたが）、どこかにそのような「こだわり」があったように感じました。

しかし2000年代以降は、自分探しという目的をもってボランティア活動に参加している者も出てきます。極端なのは、友達探しという感じの人もいます。決して、それ自体を悪く言うつもりはありません。私自身もそのような面がありましたし、ボランティア活動への参加動機は人それぞれであってよいと思っているからです。このような傾向は、ボランティア活動がメジャーになり始めた1990年代初めからではないかと思います（決定的にメジャーになったのは、1995年の震災後です）。

また、男子もずいぶん増えました。私が高校生のときは、ボランティア活動に参加するのは、ほとんど女子でした。活動文化祭への参加も1：9か2：8くらいの男女比率でした。（このことから、当時男子校に通っていた私のボランティア活動への参加動機の「ごく一部分」が推測できるでしょう。）

活動文化祭に参加した教員が中心となって、1982年にはボランティア学習の全国的な組織ができました。全国ボランティア学習指導者連絡協議会（現・日本ボランティア学習協会）です。ボランティア活動ではなく、ボランティア学習という名前で推進を図ろうというわけです。学生だった当時は、この連絡協議会のことはあまり意識していませんでしたが、教員になってしばらくしてから関わりを深めていくことになります。

6　教員を目指すということ

教員を目指すということは真剣に考えていました。大学1年生のときから4年間、中等科からの友達だったM君の家が塾を開いていましたので、そこでアルバイトさせてもらいました。授業としては小学生の部と中学生の部の二部構成でした。

ここではとにかく黒板に書くことを練習させてもらえたと思います。教材が決まっていてそれを予習していくのではなく、当日行ったときに今日の課題が塾長先生から与えられそれをやります。プリント教材のときもあれば、黒板に問題を書いて解かせてくださいという場合もあります。私の場合は後者のほうが多かったと思います。つまり板書の練習ができたのです。これも塾長先生の配慮だと思います。

塾で教えた経験は役に立ちました。板書もそうですし、子どもがどこでつまずくのかということについて考えることができたからです。また私は中学校の数学の教員を目指していましたが、塾では数学だけでなく英語や社会などを教えることもありましたので、広い意味での教養というのも身についたと思います。

塾以外には、宿泊型の子どもキャンプのようなものに付き添いとして行くアルバイトにも参加しました。主に夏休みの活動です。こういったものにも積極的に参加をし、経験を積みました。母子寮でのレクリエーションの経験がありましたので、子どもたちと一緒に楽しく過ごすことについては慣れていました。屋外型の活動でも子どもたちとともに過ごすことができて、この点でも私は特別活動の重要性を学生のときから肌で感じていたわけです。教員になってから特別活動を大切にする教員になったのも当然のことです。

いよいよ4年生になり、教育実習もおこなわれました。私は学習院高等科で実習をさせていただきました。当時は2週間でした。高校1年生の数学を担当し、充実した実習をおこなうことができました。不安なことはほとんどありませんでした。それでも、実習の最初の授業では、足が震えたのを覚えています。塾で子どもたちに教えてきた経験をもっていたのですが、本物の授業、学校の授業ということで緊張したのです。実習の最終日には科長室に呼ばれました。何か悪いことをしてしまったのかと思いましたが、来年の4月から中等科の専任教員として来てくれないかというお話でした。私は公立の中学校の採用試験を受けていましたので迷いましたが、母校ということもあり中等

卒業研究発表会で

科に勤めることを決意しました。教員になるという夢が叶った瞬間でした。

7　師匠との出会い

大学の教職課程は、当時は今ほど修得すべき単位は多くありませんでしたので、選択科目を履修することを考えました。4年生になって二つの選択科目を取りました。一つは佐藤喜久雄先生の学級経営論、教育方法論。もう一つは斉藤利彦先生の教育法規でした。この二つは免許必修ではなく、希望者だけが参加をするものでした。学生はどちらも5人か6人だったと思います。

この先生方との出会いがその後の私の人生を大きく変えていくことになります。選択科目を履修しているということは、先生方の目から見れば、より教員になりたい、教員志望度が高い学生であると受け止めてくださるのだと思います。4年生の夏に、教職合宿というものを開催すると佐藤先生からお誘いを受けました。これは軽井沢にある佐藤先生の別荘に泊まらせていただき、そこで学生同士のディスカッションをするというものでした。もちろん参加をしますと即答したのを覚えています。参加者は私を含めて5人か6人だったと思います。先生は佐藤先生、斉藤先生そして諏訪哲郎先生がいらっしゃいましたし、食事をつくるために教職課程の副手さんが来てくださいました。そのような環境で教員を目指す学生たちが切磋琢磨できたことは有意義でした。そのときに参加した学生は全員が教員になりました。その後ずっと仲間として情報交換をすることになる人もいました。教職課程の先生方との出会いは、この後の私の人生を変える大きなきっかけとなりました。

佐藤先生の授業は、女子部の先生でいらしたということもあって、実践的な内容を多く含んだものでした。ところが当時の教職課程の他の授業は、実践的なものはほとんどなく、理論的なもの、あるいは教育学に即したものでレクチャーを受けるものがほとんどでした。このようなもので教員になるのでよいのだろうかと思ったほどでした。しかし佐藤先生の授業はいつも刺激的でした。価値観を揺さぶられることもありました。女子部にいらした工藤先生の話はよくしてくださいました。朝早く教室に来て掃除をしている生徒がいたそうです。工藤先生も朝早かったので教室を見回ったときにその生徒の存在に気づきます。しかし工藤先生はその子を褒めない。なぜならば褒められることが目的となってしまうからだ。だから偉いですねとかすごいですねとかそういう言葉ではなく、やっていますねと声をかけるのだというわけです。このような具体的なお話を、生徒指導の話や学習指導の話まで様々な話題について解説をしてくださいました。大きな刺激を受けて、先生のようになりたいと思い、私は努力をしていくことになります。

8　女性は全くダメ

女性については全くダメでした。数学科に入ってわりと早い時期、5月でしょうか、お付き合いをした同級生がいましたが、やはり私はコミュニケーションという点で課題があるのでしょうか、2学期の始まる前にはお別れしていました。同級生とそのようなことになると、とても辛いものがありました。私はそんなことは全く考えずにお付き合いをしていましたので、その後の学科の生活はとても辛かったです。しかもその子がその後すぐに別の同級生（同じ数学科）と付き合い始めたので、なんだかなぁと思ったものです。

ボランティア活動のほうでもワークキャンプに参加をした人を好きになり、アプローチをしたこともありますが、うまくいかずお付き合いをしないまま終わってしまうこともありました。

女性に限らずということになりますが、他者とどのように関わっていくのか、信頼関係をもって関われるのかという点で、私には何か足りないものがあるのではないかと改めて思うのです。それは今でも変わっていません。

9　ボランティアは生きること

「もう一つの卒業論文」という冊子を大学時代の最後に作成しました。これは学生時代にボランティア活動をして、その時々に書いたものを含め、ボランティアとして自分が何をし、何を学んだのかについてまとめた冊子です。

もう一つの卒業論文というタイトルには二つの意味があります。どこで切るかなのですが「もう一つの」「卒業論文」となると、二つ目の論文になります。ただし数学科には卒業論文はなく卒業研究発表でしたので、厳密には卒論は書きませんでした。でも一般的に大学卒業のときに卒業論文はありますから、「もう一つの」とすることで、大学生活では二つのことをやったのだと宣言する意味合いを込めました。

二つ目の切り方は「もう一つの卒業」「論文」です。私自身、学生生活を終えるにあたって、ボランティアからの卒業も考えました。もちろんその後もボランティア学習のこと、特に研究の面に入っていくのですが、活動そのものは一旦卒業するという決意を表したいということで、このタイトルにしたわけです。いずれにしても高校の2年生から大学の4年生の終わりまで、6年間にわたって活動してきたボランティアについて、一つの節目を迎えたことになります。

6年間のボランティア活動を振り返って、まとめをするというのは、私自身が「ボランティア活動では活動したら時々立ち止まって考える、まとめることは重要である」

と言ってきましたので、自らもそのことをきちんと実行しようと思ったのでした。

実際には、ボランティアの世界から足を洗うということではありませんでした。むしろその後もボランティアの世界との結びつきは強く、様々な形で関わっていくことになります。

このように、ボランティアは私のライフワークになっていました。中等科の教員になっても、大学の教員になっても続きます。

ボランティア、それは私にとって生きることそのものなのです。

03

Episode 6

仕掛人への道
ー中等科教員時代ー

夢が叶って母校・中等科の教員になった豊は、ライフワークと決めたボランティア学習に取り組もうとします。しかし現実はそう甘くはありませんでした。

1　遠いボランティア学習への道

１９８６年４月、小さい頃からの夢が叶って、母校学習院中等科に数学の教員として着任しました。男子校です。13年間勤務しましたが、最初からボランティア活動を導入できたわけではありませんでした。当時、勤務校にはボランティア活動といえるようなものは全くなく、生徒と取り組むことは予想以上に大変でした。

「自分が体験したよいことを生徒にも」という思いは、教員になる人だったら誰でももっていると思います。青春時代にひたすら白球を追い続けた野球青年が、教員になったら野球部の顧問になって後輩を育成したい、文学によって様々な転機を救われた人が国語の教員になって文学のおもしろさを伝えたい、と思うのは自然なことだからです。私にとってそれは「ボランティア」でした。

教室で生徒に囲まれて

しかし、そのことと学校で実践できるということは別です。その後大学に異動となる１９９９年の当時であれば「学校でボランティア活動を」という場合には、教員の間にも一定のコンセンサスがありました。１９９８年、１９９９年告示の学習指導要領に明確にボランティア活動をするよう記載されたからです。しかし私が着任した

1986年は、必ずしもそうではなかったのです。

生徒がボランティア活動をすることの教育的な意義を示さなければ、導入は難しい。まして学校というところは保守的なところがあって、新しいことを始めるにはそれなりの理由と決意と熱意、そして努力が必要なところなのです。「自分が体験したよいことを生徒にも」というだけの私が、それを言い出せる環境になかったことは想像にかたくないでしょう。

ではなぜ言い出せなかったのでしょうか。いくつかの要因があります。

第1に私自身の問題として「ボランティア活動に対する固定観念」がありました。自分の体験からそうなってしまったのですが、ボランティア活動＝福祉、そして組織的なものというイメージができあがっていて、その範囲でしか考えることができなかったからです。特に施設でのワークキャンプなどでよい思いをした私が福祉施設のボランティア活動をしてみたいと思うのは自然なことでした。しかし、こうした柔軟性を欠いた発想が「最初の一歩」を踏み出せない理由となってしまっていたのです。いきなり施設でのボランティア活動といっても難しいのはちょっと考えればわかることなのですが、そのことに気づいたのはずっとあとになってからでした。教員向けの講演会では「ボランティア＝施設、募金、清掃だけではない」と話していますが、それはこのような私の苦い経験に基づいているのです。

第2に校務分掌（さまざまな学校業務の役割分担）の問題がありました。ボランティア活動として学校で最もやりやすい形態は部活動です。しかしそのような部はなく、教員が部を創るシステムもなく、おまけに教員の希望も通らないという雰囲気でした。若い教員には運動部をという不文律もあり、私はある運動部を任せられました。それ自体は大変よい経験をしましたし、スポーツ自体は好きなほうなので問題はなかったのですが、ボランティア活動をという私の願いが叶う余地はありませんでした。もしボランティア活動をする部を創るのなら生徒が声をあげなければならない、というわけです。それには相当の準備期間が必要ですから長期戦略をたてるしかないと考えました。

また、学級担任になる前に教務関係や生徒指導関係の仕事をする部署に配属され、生徒と距離の近い学級担任になるのは4年目でした。のちに私が学級担任をしたときの生徒がボランティア同好会を創っていく過程をたどることを考えると、このことも私がボランティア活動を実践することが遅くなった要因です。しかし、そのような愚痴めいたことを言う前に、実際には様々な機会があったのですが、私がそれを生かしきれていなかったという反省のほうが強いのです。

第3に数学の教員ということによる要因がありました。教科でいうと、当時ボランティア活動を学校で導入しようという教員の多くは、社会科（高校では公民科・地歴科）の教員でした。教材と結びつけて社会的な課題への眼を養い、その課題解決の方法としてのボランティア活動をという展開方法が可能だからです。今でも最も導入しやすい教科であることは間違いないでしょう。では数学はどうでしょうか。ボランティア活動と結びつけた授業ができないことはありませんが、数学の教育目標・内容と合致したものを毎回出せるかというと、そうはいかないのです。せいぜい社会的な関心が得られるようなものを盛り込むという程度です。(今考えると笑ってしまいますが、ボランティア活動をやるなら社会科しかないと真剣に考え、玉川大学の通信教育で社会科の免許を取得しました。３年間かかりました。ただし、いまだに使っていません。このお話はまたあとで。)

第４に男子校というのも、なかなかボランティア活動をする場合に大変でした。９割以上が運動部に入るような学校では、生徒にはボランティア活動というのはマイナーなものにうつるのでしょう。そのような生徒の意識から変えていく必要があったのです。ただ、当時は思いもしませんでしたが、運動と絡めたボランティア活動もたくさんあり、なぜそういう発想ができなかったのかと悔やむだけです。

さて、しばしボランティアの世界から離れて、中等科の教員時代のことをお話ししますが、ボランティア学習の道へと続く階段が確実に存在していたことが次第に明らかになります。

2　感じていた違和感

母校というのは、やりやすい面と、そうでない面とがありました。やりやすい面は、生徒の様子や状況がよくわかることです。後輩たちですので、どのように接すればよいのか、おおよそ見当がつきます。まぁ言い方は悪いですが、先輩風を吹かせていれば何とかなる部分もありました。やりにくい面は、それはもちろん対同僚です。同僚といってもほとんどの先生は私の恩師です。そのようななかで仕事をしていくのは気を遣いました。長沼先生とは呼んでくれますが、実際には私がお世話になった先生方ばかりです。これはやりにくかったです。特に私の場合は、上の世代の方々と関係性を築いていくのが苦手でしたので、うまくできなかったこともありました。

中等科の教員になったときに、私は特別活動を重視する教員でしたので、生徒たちに経験させて、それに対して助言し育てていくという教育観をもっていました。教科の特性もありますが、数学の授業は、説明はしますが、生徒たちが自分で問題解決をする、問題を解く、図にしてみるといった作業を通して学んでいくわけです。一方的に教えるとか一方的に覚えさせるというような教育観ではありませんでした。

ところが教員によってはむしろそういう形のほうを重んじる人もいます。とにかく厳しく指導する、どんどん説明をして一方的に聞かせること、そのようなことに重きを置いている教員もいます。教科の授業の枠の中であれば各教員の責任において指導がなされますが、特別活動のように学年全体や学校全体の場となると、その違いが顕在化します。

私にとっては、厳しく指導することよりも、生徒にやらせてみて助言や支援をするということに重きを置いています。それは私が「待ちの教育」と呼ぶやり方になります。しかしそういう指導をしていると、そうではない教員からすると手を抜いている、あるいは仕事をしていないというふうに思われてしまうようです。私が待ちの教育でやっていたところ、そこに別の教員が現れて生徒にガンガン言って指示・指導してしまうということがありました。

このような齟齬は細かいことではありますが、重要な点だと考えています。生徒指導に関する教育観、価値観の違いですから。

男子校ということもあり、かなり手をかけること、あるいは説明をきちんとすること、それがよい教師だというような風潮がありました。私は違和感や疑問をもちながら過ごしていきます。

3 数学の授業の工夫

数学の授業では、様々な工夫をおこないました。苦手な生徒に対して、どのように寄り添うのかを考えながら授業を進めました。大学時代に数学で落ちこぼれた経験が生かされるときが来たのです。塾でも4年間経験をし、どのように説明をすればわかりやすいか、つまずきやすいか等について学びましたので、それを教員として活かしていくことを自分に課しました。何しろ数学は理科とともに、中学生から最も嫌われる教科の一つですから。

授業のことで悩んだときは、数学の直近の先輩である益子先生に聞くことができて、とてもありがたかったです（ちなみに益子先生は私が中2の生徒のときに新任として勤務され数学を教わりました）。ただ公立の学校と違って研修の類は一切ありませんでしたので、自分で求めて数学教育について学ぶ必要がありました。文献を購入して学ぶこともありましたが、研究会に参加して学ぶことも大事にしました。

よく参加をしたのは、明星学園中学校の数学の研究会でした。そこで参観をした授業がとてもユニークでしたので、それを活かして自分の授業の改善をおこないました。数学が苦手な生徒にも楽しめるよう、創作物語を活用した授業を実践しました。創作物語とは、主人公の中学生が冒険をしていくというものです。その冒険の先々で図形に関わるものに出くわし、その課題を解決しながら次に進んでいくというものです。中学生を主人公にすることにより、身近なものだと思わせることが狙いでした。生徒に読ませるのではなく、私がそのストーリーを読み上げ、主人公や登場人物のセリフはリアルに演じることで、楽しめるように工夫しました。このことで、数学が苦手な生徒も、授業に集中してくれるようになり、一定の効果を上げることはできたと思います。「三太の冒険シリーズ」という名前の創作物語でした。このような実践をしながら、いかに数学の授業改善をしていくかについて13年間ずっと考え続け、悩みつつ、一歩一歩進んでいく、そのような仕事でした。

4 特別活動に力を入れる

特別活動については、自分自身が生徒の時代にとても有意義に過ごすことができましたので、教員になってからも力を入れた教育活動でした。3つの内容、それぞれについて、お話ししましょう。学級活動、生徒会活動、学校行事です。

まずは学級活動について。主管（学習院では学級担任を主管と呼ぶ）になったときは他のクラスでたとえやっていなくても実践をしたことがありました。全員係制です。学級では委員の選出をおこないますが、それは学校で決められたもので、それ以外の生徒も一人一役ということで必ず係になるように設定をしました。学期ごとにメンバーが変わります。その度に委員は必ず立候補で、複数立候補した場合は投票するという形にしました。係については希望者が多いとジャンケンで決める方法を採りました。一人一役で責任をもって学級に関わると考えました。

また帰りの会もやりました。他のクラスではありませんでした。研究日を除いて、毎日6時間目の授業のあとにクラスに顔を出し約5分間ですが、係の生徒からの報告や日直の生徒のひと言、そして誕生日の生徒がいるとバースデースピーチをやるといった取り組みをしたのです。これは生徒からどのように受け止められたかはわかりません。なかにはやめてくれ、他のクラスはやっていないのに、早く部活に行きたいと思っていた生徒がいたかもしれません。

次に生徒会活動ですが、校務分掌で生徒課（公立では生徒指導部と呼ぶでしょうか）の担当になったときは、委員会の顧問の役割がありました。美化委員会の活動については後ほどお話しします。クラスの代議員が集まる代議員会の顧問になったときは、生徒ホールにジュースの自動販売機を入れるという提案を扱い、それを実現させました。普通に考えると昭和の時代ですから、水を飲んでおけばよいという価値観で学校は支配されていました。

しかし生徒会というのは、何でもかんでも生徒の提案をダメだと言うのではなく、実現できるものは自分たちで実現をさせ、生徒会を自分たちの学校生活をよりよくしていくものとして機能させなければならない、それが民主主義社会の教育活動としての生徒会なのだという思いが自分の経験を通して強くありました。これはのちに私がシティズンシップ教育に関与していく伏線ともなっていたものですし、特別活動としてこれを重視しなければいけないとずっと思っていたことでもありました。

生徒たちはただ提案するだけではダメなので、私から助言をしました。なぜ必要なのかを提案書に書き込まなければならない、それは委員の人たちだけで考えていてもダメだという助言です。各クラスでアンケートを取り、なぜ必要なのか、そのことも考えさせ協議をさせ、提案書にまとめさせました。それが不十分なときは書き直しを命じ、収斂させていきました。一方で教員の側の根回しも必要ですが、幸いなことに生徒課長の先生はこの提案を何とか実現させようということで私と意見が一致していましたので、その点はとてもありがたかったです。教員の会議で、教員の側がダメと言ってしまえば実現はできません。そこで私は前の週の会議で予告をしておき、相当生徒たちが頑張っているというプロセスも少し頭出しをしておき、理解を少しでも前に進めていくことを考えました。また歳の近い先生方には、根回しをし、なんとか実現させたいのだということを伝えておきました。私の予想通り体育の重鎮の先生が水を飲んでいればよいという発言をされましたが、提案書もしっかり書かれていたこともあり、結果的には教員の会議で承認されることになりました。

提案書の助言について私は策を練りました。それは水を飲んでいればよいという先生方にも理解をしてもらうため、健康飲料である牛乳に絞ってまずは導入するというものでした。健康にもよいということをアピールし体育の先生方にも理解してもらえるようにと考えたわけです。

さて、一度自動販売機が導入されれば、次のステップは種類を増やしたいという提案が当然出てくるわけです。次のステップとして今度は種類を増やしたいという提案を実現するための話し合いが始まります。次に入ったのは100%果汁の飲み物です。

そのように考えて無理のないように導入を図っていくという、いわば改革の仕掛人として動いてみました。

ちなみにこの自動販売機は、飲み物だけにとどまらず、パンの自動販売機の導入にもつながっていきます。先輩たちのやり方を見ていた後輩がしっかりとした提案をできるように頑張ります。もちろん最初はアンパンだけの導入です。そして次のステップで種類を増やしていくという手順になっていました。

生徒たちは経験していないだけで、実際に任せて経験をさせ、手法を理解させれば、自分たちで主体的に運営することができるようになります。その力をいかに引き出すか、それが重要なのです。このような生徒会活動の活性化を通して、私は改革の仕掛人としての一つのパターンを築けたような気がしています。

次に3つ目の学校行事について。生徒の時代に行事が大好きだった私は、行事を重視して取り組みました。行事は生徒たちとコミュニケーションを図る絶好のチャンスと考え、積極的に話しかけ、運営に携わっている生徒を激励し、よい思い出になるよう努力しました。

ある年にはスキー教室の担当になりました。そのときは私の教育観を利用して改革をおこなうチャンスでした。スキー教室は春休みにおこなう行事でしたが、生徒は1年生、2年生の希望者参加で、教員も希望者で引率をするという形でした。まぁ希望者といっても若い教員はなるべく参加しましょうという空気がありましたが。

担当者になると旅行会社とのやりとりや、しおりの作成、事前の説明会等々の仕事があります。担当になったので、改革をするよいチャンスだと思いました。まずはしおりに書いてある注意事項の欄です。確か2ページか3ページあって○○をしてはならない、△△をしましょうという細かい注意事項が書かれていました。おまけに何か不都合な出来事が起こると、次の年には□□をしてはいけないという注意事項が増えるわけです。2段ベッドの上の段に3人以上乗ってはいけない（200キログラム以上になると落ちる）と書かれていたのは笑ってしまいました。雪を投げてはいけないという記述もありました。私が担当のときに、それらの項目をバッサリと切り捨て、削除しました。しかし大きな問題は起こりませんでした。そういうものです。つまり歴代の担当者は、とにかく何かあればしおりに書き込んでおこう、そうすればそれを読んでないほうが悪いといえるからです。これは生徒手帳に書き込む校則も同じことがいえます。それを見なさい、見てないほうが悪いのですという指導ができます。それがなぜダメなのかという説明をしなくても済んでしまうわけです。

私は校則にもかなり疑問をもっていました。もっと生徒を信じていれば、そのような書き込みはいらないはずです。1980年代というと全国的に校内暴力が吹き荒れた時代ですので、どちらかというと校則を削ってしまうなどとは考えられないのでしょう。しかし私はそれには疑問をもっていました。ちなみに中等科はかなり校則が厳しく、高等科は校則といえるようなものはありませんでした。この違いも変だなと生徒の時代に感じていましたので、教員の側から改革ができないのかなと考えていたのです。スキー教室のときはラッキーでしたが、それ以外のことでも様々なことを変えていこう。このように考えて実行した教員時代でした。

改革の仕掛人として、色々なことを手掛けていきます。

5　部活動に力を入れる

中等科に勤めて、最初は水泳部の副顧問になりました。顧問は幡上先生で、ご自身が部活動で水泳をやっていたことがある方です。私は部活で水泳をやった経験はありませんでしたが、小学校時代にスイミングをしていたのと、学習院伝統の沼津游泳の助手を少しですがしていたこともあり、その関係もあって担当になったのだと思います。水泳の場合は、温水プールがありましたので、その管理をすることも含めて仕事でした。塩素濃度を測ることもありました。冬にはプールの表面に大きなカバーを3枚かけますので、部員たちがかけるのを見守りつつ、その管理もおこなわなければなりませんでした。

その後水泳部の担当は大変だということで、顧問1人と副顧問4人の体制になりました。というのは、水泳部の練習は、教員がいなければやってはならないという決まりがあったからです。他の副顧問の先生は、週一回練習に付き添うという形になり、幡上先生と私は試合なども含めて指導助言をおこなうというやり方です。当時は大学生のコーチ（卒業生）が来てくれていましたので、技術的な指導はすることなく、1コース借りて、自分も泳いでいました。ちなみに幡上先生も泳いでいたので、競うように毎回泳きました。泳いだ距離を記録していましたので、1年間で100キロ以上泳いだ年もありました。

部活動の指導自体には、とてもやりがいを感じていましたので、特にこれといって当初は問題もなくやっていました。何年目からか私が顧問となり、幡上先生が副顧問になりました。水泳の場合は大会の数も多くなく夏に集中していました。豊島区の大会、そして対抗戦としては筑波大学附属中学校との定期戦。それに途中から立教中学校との定期戦もおこなわれ、それらの運営の仕事もありました。豊島区の大会では中学生の大会は、区民大会の一部に組み込まれていましたので、区民大会のお世話もする形で審判をすることが一般的でした。

水泳部顧問、夏合宿で指導中

部活動では、生徒たちと一緒になって泳ぎ、応援し、交流することで楽しく教員生活を過ごしたと思います。ただ私自身はバスケットの経験もありますので、バスケット部もいいなと思っていました。ただ体育の先生がバスケット専門の先生でしたので、その先生が顧問でした。私はバスケットにも興味がありましたので、水泳部も副顧問、バスケット部も副顧問という形でお願いできないかと打診しOKをもらいました。

両方の副顧問をすることになり、大変でしたがやりがいもありました。バスケットの場合は、大会や練習試合も多く、結構土日は潰れていたと思います。ただ好きでやっていること、自ら志願をしてやっていることでしたので、それほど苦ではありませんでした。バスケットの場合は試合で他の学校の先生たちが指導する姿を見ることがあります。なかには軍隊のような雰囲気を出している学校も公立では見受けられました。ただその学校がいつも区大会優勝でしたので、運動部では指導のあり方としてよいのではないかと考えました。それはマイナスのエネルギーかもしれませんが、抑圧的な指導です。そういう指導を必ずしもよくはないと思いつつ、しかし一つのモデルとして学び、それを実行してみるということもやってみたことがあります。

そうなると、数学の授業はできるだけ楽しくやり、一方で部活動の指導になるとやたら厳しくするという、まるで二重人格のように振る舞う、あるいは演技をすることになり、私の中で教員としてのあり方をどのようにすればよいのか葛藤が生まれました。これは結構私の中では大きな課題で、しかもそれは抑圧的な指導を自らがすることになり、小さい頃からずっと引きずってきた抑圧との闘いに自ら身を置くことになるからです。これは結構悩みました。

その後さらにボランティア同好会を創るところまで行きますが、それは別のお話として紹介します。

6 教職合宿と教育の会「創」

大学4年生のときに教職合宿に参加をしました。中等科の教員になった私に、佐藤先生から「ぜひ合宿を続けたいのだけれども一緒にやらないか」というお誘いを受けました。しかし1年目の私は水泳部の活動など夏休みはとても忙しかったので、残念ながらお断りしてしまいました。その年は結局、教職合宿は開かれませんでした。

次の年は、夏休みの日程をうまく調整し参加することができるようになりましたので、ぜひ一緒に創っていきたいと申し出ました。教職課程では斉藤先生が担当となり、OBの私と打ち合わせをしながら、どのような企画がよいのか一緒に考えて創っていきました。合宿の場所は岩手県にある学習院八幡平松尾校舎を使うことにしました。教員を目指す学生と卒業して教員になったOB・OGも参加して、一緒に学び合うスタイルになりました。

この教職合宿のスタイルは今でも続いていて、現役の学生と卒業して教員になったOB・OGが共に学び合う場として機能しています。私たちOB・OGは、合宿で新たに出会う者もいましたが、せっかく知り合ったのだからということで時々会って一緒に研鑽を積んでいこう、特に今現場がどうなのかという情報交換をしていこうということになり、研究会を立ち上げました。教育の会「創」（つくると読みます）という任意団体です。私はお世話役として事務局長をして、何人かのＯＢ・ＯＧが運営委員として一緒につくっていく、そのような会になりました。もっぱら愚痴のようなものを聞き合うという場面もありました。しかしそれは大変有意義で、というのも普段職場の中で愚痴をこぼすことはできませんし、直近の先輩など年齢が近い人には話せることがあるかもしれませんが、内容によってはなかなか話せないこともあるからです。しかし私たちの会では、それを吐露して理解し合って、頑張って仕事しようと思うのですから、意味のあることでした。

学期に1回、そのような会を設けていたと思いますが、夏になると次の教職合宿があり、現役の学生たちと一緒に学び合うということを繰り返していきました。採用試験のことなどについて助言をすることもありました。

教職合宿、そして教育の会「創」は、どちらも私のライフワークとなり、主体的に関わっていくことになります。それは恩師である佐藤先生の教えをしっかりと守っていく、そういう意味もあったと思います。

7　レクリエーションの世界を知る

ボランティア学習が思うように進まないなか、私は様々なことを外の世界に求めるようになりました。たまたま教員室の掲示板に貼ってあったのはレクリエーションの講習会でした。テーマは学校で役立つレクリエーションというようなものだったと思います。東京都レクリエーション協会（都レク）の主催する講習会でした。当時は御徒町に事務所があり、そこに教室もありました。5回シリーズだったと思います。

母子寮の活動などからレクリエーションのことには興味・関心がありましたので、専門的に学ぶ、あるいは学校で役に立つ素材を実際に学ぶというのは有意義でした。

さらに別の講習会にも参加をして、知識や技能をインプットしていきました。そのような講習会を何時間か受講すると、レクリエーション指導者の2級の資格が得られるということを知り、それを目指して様々な講習会に参加をするようになりました。確か30時間が規定の時間数だったと思います。それは日本レクリエーション協会公認の指導者資格でした。2級の上にはさらに1級と上級がありました。そうなるとそれらを取得してみたいと思うものです。都レクはレクリエーション学院という学びの場をつくっていました。1級を取得するためには1年間、週1回のコースに通って合格すると得られます。上級はさらに2年間通うことになります。私は1級を取得したかったので、1年間通うコースに申し込みをしました。学院ということで学校形式をとっていましたので、入るときには面接もありました。週1回夜に通い、夏休みにはキャンプ実習などもありました。一緒に受講する仲間は同じくレクリエーションが好きな人たちでしたので、そこでの交流も楽しいものでした。1年間通って試験もパスしてレクリエーション指導者1級の資格を取得しました。

　そして引き続き2年間、上級の指導者資格を取得するためのコースに通うことを希望していたのですが、学院の先生から「ぜひ学院のお世話役をやってほしい、2年間やってくれれば上級のための試験も受けられる」というお誘いがありました。同じ2年間であればそのような道もありかと思い、お引き受けしました。1級コースの教務係でした。出欠を取ったり、講師紹介をしたり、講師の先生と打ち合わせをしたりする役割です。私自身も1級のための1年間のコースで教務の方々にお世話になりましたので、その恩返しをするという意味も込めて務めることにしました。2年間、学院の教務係を務めつつ、講師として授業も何回か担当することができ、経験も積みました。

　レクリエーションの知識や技能を本格的に学ぶことができ、大変有意義でした。2年後には上級の指導者資格も取得することができました。その後すぐに、日本レクリエーション協会では資格に関する大きな改革があり、指導者資格2級、1級、上級がなくなりましたが、上級がスライドする形で現在のレクリエーション・コーディネーターの資格を取得しました。現在も更新し有効なものです。

　私は単に資格だけではなく、学んだこと、身につけたことを学校の授業や特別活動に活かしていきました。ちなみに現在大学でも「レクリエーション演習」という教育学科の科目をつくり、私が担当しています。

8 大学の兼任講師と行事実習

教育職員免許法が改正され、新規に開講する特別活動に関する科目を佐藤先生が担当することになり、私にぜひ手伝ってほしいというお誘いがありました。確か長沼君はレクリエーションをやっていたので、扱ってほしいと。実践的な内容を入れたいということでのオファーでした。大学は同じ学習院院内ですから、人事上は兼任講師となります。

もう一人は中等科の音楽の清水先生、３人でのチーム・ティーチング形式の授業でした。清水先生は発声法について扱うことになっていました。

事前にどのようなことを授業で扱うか改めて考えてほしいという指示がありましたので、私はレクリエーション以外に教職合宿でやったことがある、行事づくりの課題をやってみたらどうかと提案しました。ぜひそれはやりましょうとなり、それらの企画を練っていきました。

行事づくりの課題とは、中学生を学校外に引率する日帰りの行事を、班ごとに相談して企画し、それを発表するというものです。私の企画では、発表した後、どの班の企画が最も優れているか投票するというものでしたが、佐藤先生から「１位に選ばれたものを実際にやってみたらどうか」という提案がありました。１位に選ばれた企画を作成した班の学生が教員役、それ以外の班の学生は中学生役として、日曜日に実際にやってみるのです。模擬遠足実習、今では名物授業となっている行事実習の始まりでした。1991年のことです。

これは、今でも実施していますし、特別活動の授業を担当している他の先生にも実施してもらっていますので、30年間、学習院出身で教員免許を取得した学生は全員必ず模擬遠足実習を経験しています。

ある年の校長役だった学生が、教員になり、1年目に副担任として修学旅行の引率に行った際、上手に生徒たちを誘導したので、旅行会社の添乗員さんから、本当に1年目ですか?と言われたそうです。

9　社会科の教員免許を取得する

当時、ボランティア学習を積極的に取り入れていた先生方は、ほとんどが中高の社会科の教員でした。もしこのまま私がボランティア学習を実践できなければ、本気で学校を変わろうかと思ったことがありました。そのためには社会科の免許があったほうがよいと考えました。そこで、色々と調べたうえで玉川大学の通信教育に申し込みをしました。

中高の数学の免許をもっている者が中高の社会科の免許を取るためには、当時の法律で43単位取得することが必要でした。40単位は教科に関する科目で、法律や哲学、地理、歴史、倫理学などの専門科目、3単位は社会科教育法でした。ちなみに当時の高校の社会科は、まだ地歴科と公民科に分かれる前の時代です。

通信教育の仕組みは、教科書を読んで、1単位あたり原稿用紙6枚のレポート課題があり、作成して提出します。それについて合否が示され、否の場合は書き直しとなります。そして4単位の科目は4単位分のレポートが全て合格すると、科目の最終試験が受けられることになり、試験に合格すると単位修得となります。試験は玉川大学に行って日曜日に受けるのです。

大学時代に数学科で学んでいた私にとって、文系の専門科目はテキストを読んで理解することも大変でしたが、さらにレポートを書くということをほとんどやっていませんでしたので、最初のうちは全くかけずに悶々としていました。それでも仕事をしながら何とか頑張ってレポートを書いて送るということを繰り返しおこないました。書き方がまだよくわかっていない初期の頃には一回レポートで不可をもらったことがありました。どのように書けばよいかわからなかったのです。しかしとにかく参考文献を3冊読んで、それを使いながらまとめていくというやり方を覚え、コツをつかんでからは、どんどん書けるようになっていきました。また図書館で関連する文献を検索するのも慣れていきました。私の自宅の近くの図書館は小説の類が多く社会科関係の文献が少なかったので、もう一つちょっと離れていますが、小学校の時代によく通った図書館まで足を運び、そこで文献を探すことにしました。

こうして私は理系出身でありながら文系の学習も習熟することになったのでした。科目試験についてはしっかりと事前に勉強していきましたので、不可だったことは一度もありませんでした。それでもレポートを書いて試験を受けるというのを43単位やるのはかなり大変で、社会科の教員免許を取得するまでには2年以上かかりました。

ちなみに免許はまだ一度も使ったことがありません。しかもその後免許更新制が始まりましたので、現在は失効しているはずです。なぜなら、その後大学の教員になりましたので、免許更新をする必要が一度もなかったからです。しかし、このときの学習の経験は、その後、ボランティア学習に関する論文、修士論文や博士論文を作成していく際に大きな力になりました。

10　夜間大学院に通う

学校内外で、様々な形でボランティア学習にふれる機会を得た私は、ボランティア学習のもつ不思議な魅力に取りつかれていました。それは、学生時代に無我夢中で体験していた頃とは違った感覚でした。うまくは表現できませんが、ボランティア学習を客観的に見つめ直す時期にきているのではないかと考えるようになったのです。何かの形で研究の対象にできないだろうか、そう考えた私は、大学院に入って論文を作成することに決めました。

当時は、ボランティアを研究対象とするところがあまりなく困ったことと、教員として働きながらできないだろうかと考えたこともあって、学校選びは難航しました。（ちなみにボランティアに関する学会は、その後相当数立ち上がりましたが、当時はその設立の兆しが見えているという状況でした。）

結局私が入学したのは、人間科学研究科（福祉でも教育でもないところが面白い）をもつ夜間大学院である東洋英和女学院大学大学院（大学院のみ共学）でした。1995年のことです。

とにもかくにも2年間頑張って「ボランティア学習の概念規定についての研究 ―中等教育を中心に―」という論文を書き上げました。

この論文は今読み返してみると、直したい箇所が多々ありますが、当時は必死でした。まとめてみるという作業は、自分の頭の整理には役立つもので、その後様々な形で論文を発表する機会を得ました。

人間科学研究科は心理学、社会福祉学、教育学、宗教学、死生学の5つの類から構成されていました。私はもちろん教育学の類に所属しました。ただし、自分が所属する類だけでなく、他の類の科目も履修するようになっていましたので、視野が広がりました。特に宗教学や死生学の授業では初めて学ぶ内容ばかりで大変でしたが、5つの学問がつながっていると感じることができ、示唆に富んでいました。

指導の先生は赤羽忠之先生（青少年教育が専門）、副指導が山本和代先生（生涯学習が専門）でした。お二人の先生からは多くのことを学びました。論文の内容についてはもちろんですが、研究とはどうあるべきかについての認識をもたせていただきました。山本先生の「研究とは主観と客観の交わるところ」という言葉は今でも覚えています。

教育学所属のメンバーは、同期（3期生）には小学校の教員、看護学校の教員、警察の青少年に関する部署の方など多彩なメンバーが揃っていました。授業やゼミ指導だけでなく、院生同士の学び合いからも大きな示唆が得られました。授業は、平日は夜の6時半から8時、土曜日は朝からありました。夜は授業が終わった後で院生の仲間で食事をしながら、授業の内容や、それぞれの修士論文のことについて語り合いました。

大学院に向かう道で東京タワーが見えます。夜のタワーはいつも優しい光を放ってくれ、まるで私に頑張れと言ってくれているようでした。私はいつもタワーを見上げて拝んでいました。そう、私の守り神でした。

11　ボランティア体験学習を始める

ボランティア学習を進めること。とにかくこのままではダメだと感じていたのですが、どうしていいのかわかりません。そこで考えたのは、とにかく自分が学校でボランティア活動を進めるためのノウハウを身につけよう、ということでした。活動文化祭で知り合った先生方の会である全国ボランティア学習指導者連絡協議会（現、日本ボランティア学習協会）の研究セミナー等に足を運び、素晴らしい実践をしている先生のノウハウを知ることから始めてみました。そこで学んだことは「できるところから始める」「他の教員の理解を得て、協力者をつくる」「学校の外の機関とのパイプをつくる」などであり、大きな示唆が得られました。学校の外に情報を求めることで活路を見いだすことができたのです。

一方、学校の中では、ボランティアそのものではないものの、生徒が社会的な課題に目を向けられるよう努力しました。例えば、補充授業（他の教員が欠勤のときに任せられる時間）のときに、平和問題を考えるビデオを見せたり、食品の安全性について考えさせたりしました。そうすることで、私の目が社会的な課題に向いていることを生徒にも、他の教員にも知ってもらえると考えたからです。

そして機会をうかがい、「できるところから」を始めることにしました。

すでに身近な社会的課題について目を向けていることを生徒にも他の教員にも認知してもらっていた私は、実践するなら、無理せず自分ひとりでできることから始めようと考えました。まず自分の担任の学級の学級活動の時間に「福祉を考える」というテーマで生徒に考えてもらう時間をつくってみました。これなら他の教員にも迷惑をかけることはありません。学級活動では1年間に様々なことをこなさなければならないので、自分のこだわっていることをできるのは学期に1回あればよいほうです。それでも、なんとか時間をやりくりして始めてみることにしました。

実際には、プリント1枚のなかに、質問項目が並んでいるだけの簡単なものです。「身近なところで高齢者や障害者と接する機会はありますか」、「街中で福祉に関連した機器や設備を見かけたことはありますか（例・点字ブロック）」など身近な題材で福祉に関連した質問項目を用意し、生徒に書いてもらいました。もちろん、ただ書いてもらうだけではなく、一つひとつの項目について、なぜそのようなことを考えるのかを説明しました。

そして書かれた内容を次の回に取り上げ、学級の通信にも代表意見を掲載しました。このことで予想外の展開をうむものだとあとから思いました。生徒が書いたものを拾っていくと次の展開が見えてくるのです。事実、このあとおこなった「校舎内を目隠しして歩くこと」や「駅の点字ブロック調査」などの実践は、生徒が書いた意見や発想を具体化しただけのものでした。私はここにボランティア学習の面白さを感じました。

この他にも、美化委員会の顧問になった年には、それまでおこなっていなかった環境問題を考える実践を導入しました。身近な美化問題から地域の環境問題まで、調査や見学活動を取り入れた活動を展開したのです。本来委員は毎学期ごとの改選でしたが、特に3年生はほぼ全員3学期間通してクラスで立候補して担ってくれ、様々なアイディアを出してくれました。きっかけと興味のわきそうな課題を提示すれば、社会的な課題に対して行動的に取り組む実践はできるものだと実感しました。

以上のような「仕掛け」をしていると、全員ではないにしても、福祉に興味をもってくれる生徒が出てくるものです。そのような生徒に、1日体験で施設に行ってみないかと持ちかけたところ、すぐに学年で20人ほどが参加を表明してくれました。

施設は品川区の品川総合福祉センターにお願いして受け入れていただきました。ここは東京都ボランティア学習連絡協議会の行事で何回か足を運んだことがあり、ボランティア受け入れの職員とも顔なじみだったからです。また、ボランティア受け入れの実績もあり、安心してお願いできることも選んだ理由でした（実はあのワークキャンプでお世話になった群馬県の施設と同じ法人が運営しているという不思議なご縁もありました）。

内容としては、施設見学と車椅子体験学習、手話学習など入門的なもの（初参加者）、利用者である高齢者や障害者との交流や介助など多用な体験活動（2回目以上の参加者）です。体験活動のあとに感想文を書き、意見交換をしてまとめとするスタイルにしました。学生時代にワークキャンプなどで必ず振り返りの時間をもった経験からそのようにしたのです。

この体験学習は、その後毎学期、期末テスト後の休みに実施（年3回）し、関心をもった生徒のなかには3年間で9回参加した者もいました。参加人数は、増減に波があるものの平均して20名ほどでした。また、参加対象は当初、私の担当する1年生だけでしたが、翌年は1年生と2年生、3年目はすべての学年というように拡大し、学校全体に少しずつ広げていきました。このような形でできたのは、当時こうした活動に最も理解のある教員が生徒会担当の長であったことが大きかったです。また、福祉について詳しい社会科教員をはじめ、何人かの教員がボランティアで同行してくれたことは何より嬉しかったです。

12　ボランティア同好会を創る

体験学習に毎回のように参加する生徒と雑談していたところ、同好会（部活動）として設立すればもっと他にもボランティア活動をできるという話で盛り上がりました。それなら設立企画書を作成してみたらということになり、アドバイスを継続的におこないました。もちろん設立できれば、顧問を引き受けるという前提の話です。彼らも真剣で、活動内容などを考えたうえで、下の学年の生徒にも声をかけて、8名で申請しました。様々な機関の承認を経て設立の許可がおり、定期的な活動を始めることになりました。そして、ついに念願であった「十代のボランティアがつどいつくる活動文化祭」に彼らと一緒に参加することができたのです。甲子園を経験した球児が、何年かして野球部顧問となり生徒とともに甲子園出場を果たしたような心境でした。このとき、すでに教員になってから約10年が経過していました。遅かったというべきか、いまだによくわかりませんが、とにかく学校のなかで新しいことを始めるのは大変なことです。詳細については「ボランティア同好会ができるまで ～教員としての10年の取り組み～」東京ボランティア・市民センター発行『研究年報96』に記しましたので参照してください。

このようなプロセスを経て、当時の勤務校で①きっかけづくりとして、福祉について考える時間（全員）、②興味をもった生徒のための体験学習（希望者）、③さらに関心をもち色々やってみたい生徒のための同好会（希望者）という3段階のシステムを順次構築してきたということになります。構築というと偉そうですが、生徒の興味・関心を生かすことを考えたら自然にそうなったというほうが正しいかもしれません。

このような活動内容は、今ではどこの学校でもやっているようなありふれた事例といえます。しかしボランティア学習では、何をやったかではなく、そこで生徒が何を発見し、感じ、獲得したか、その中身と過程が重要なのです。「学習」と名乗る理由の一つはここにあります。ただ実際には試行錯誤の連続です。全ての生徒が興味を示すというわけではありません。これはボランティアに限らず「学校でおこなう」という場合の、宿命のようなものでもあります。様々な仕掛けを用意しますが、のってくるかどうかは生徒が決めることです。仕掛けが外れたら別の仕掛けをつくればよいのです。ここにボランティア学習を担当する教員の大変さと面白さがあります。既存の教科等の指導とはかなり教育観が違うことに気づきます。

13　ボランティア学習を推進する

私がボランティア体験学習を実施し、ボランティア同好会を設立した１９９０年代の後半には、ボランティア学習をめぐる状況は大きく変わろうとしていました。政府の各種答申文にボランティア活動の重要性が載り始めたのです。生涯学習の関連、総務庁の青少年に関する調査、そして学校教育に関係する審議会等もです。もちろんこれには１９９５年の阪神・淡路大震災の復興ボランティア活動が関係していますが、１９９０年代前半にはすでにボランティア活動推進の高まりはありました。ですから、１９９５年がボランティア元年といわれますが、私はそうは思っていません。

これまでお話ししてきたことができたのは、色々な要因がありました。仕掛けをつくるうえで参考になったのが、他の学校のアイディアです。この点、私は、活動文化祭の関係で、ボランティア学習をすすめる全国の教員と知り合いになっていたのが大きかったです。様々なアイディアを、教員のネットワークで収集することができたからです。その一つが全国ボランティア学習指導者連絡協議会（全V指協）、現・日本ボランティア学習協会で、これは全国組織です。もう一つが、その東京版ともいえる東京都ボランティア学習連絡協議会（現在は解散してありません。事務局は東京ボランティア・市民活動センターにありました）です。こうしたネットワークに加入し、様々な考え方をもった個性あふれる教員（個性が各々強すぎて意見がまとまらないことが多い）と切磋琢磨できることは有意義でした。したがって、もし「教員がボランティア学習をすすめるうえで重要なことは？」と聞かれたら、様々な項目を挙げる中に、間違いなく「情報ネットワーク」を入れるでしょう。

ちなみに、ネットワークの中では、自分が情報を受け取るだけではありませんから、自らもネットワークの一員として発信していなければなりません。両団体とも単なる情報交換の事業だけではなく、様々な主催事業を実施していて、そのような会の運営にも主体的に参画することにより「学校では味わえない」体験（これはボランティア活動に参加する若者がよく口にする言葉ですね）をさせてもらっていました。上記の会の役員として具体的な事業に関わった例を一つ紹介しましょう。

「十代のボランティアを育てる指導者養成カリキュラム」を策定し、その一環として「十代のボランティアを育てる指導者養成講習会」を実施したことがあります。これは私が発案し担当したものです。形式や開催場所を変えながら何年も続けて実施した主催事業でした。これはボランティア学習の考え方や具体的な展開方法などをわかりやすく解説し、指導者を増やしていく狙いがありました。

私の場合は、なかなか学校で実践したくてもできなかったのですが、これから実践しようとしている教員が、私のように苦労しないですみ、効率よくノウハウを学べるようにという思いで提案したものでした。参加者には学校の教員だけでなく、社会福祉協議会やＮＰＯ関係、大学生など多様な方が受講して、相互に研鑽を深めていました。

14　仕掛人の道へ

エピソード6では、中等科教員時代のことをお話ししてきました。

私学の学校は公立のように異動がありませんので、それはメリットでもあり、デメリットでもあると考えています。メリットは、同じ目的を共有したメンバーでずっと運営をしていくことができる点です。一方デメリットは内向きになってしまい、改革をする視点になかなかならず、マンネリを繰り返してしまう点があります。

私は外の世界と様々な形で関わっていましたので、改革すべきことというのが明確に見えていました。とはいえ、大鉈を振るような改革は、むしろマイナスで、ゆっくりじっくり説明しながら理解を得ていくほうが、結果的には受け入れられやすいというふうことを職場で学んでいきましたので、改革もそのような手法で取り組んでいったわけです。生徒会に関する改革がその象徴でした。

このときから私は、様々改革をしていく仕掛人になっていきます。仕掛人は考え方の違う人たちも巻き込んでいきますが、それはボランティア学習を推進することで学んだ手法です。

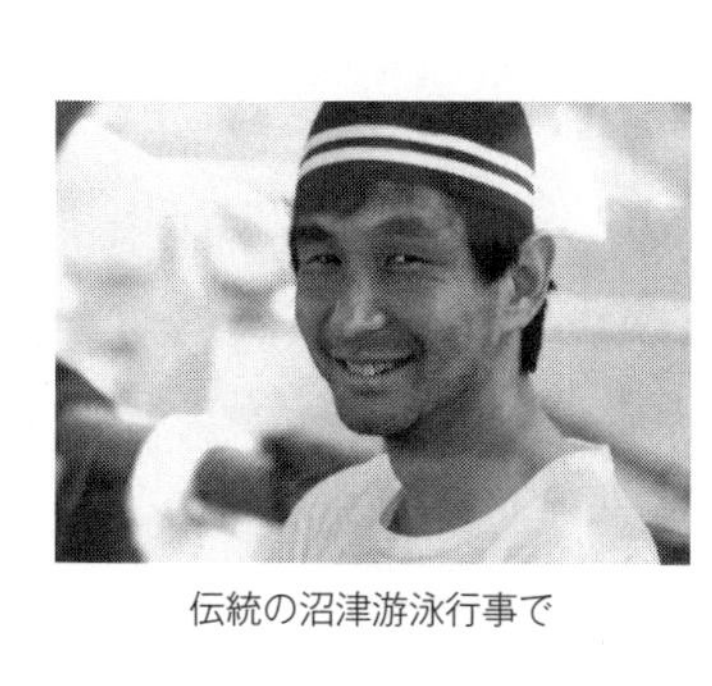
伝統の沼津游泳行事で

全V指協の初代代表だった臼井孝先生がおっしゃっていたこととして、2－6－2の法則というのがあります。どんなことやっても大体2割の人はよしやろうと賛成してくれる、2割の人はそんなのやっていられないと反対する、残りの6割はまぁどっちでもいいよ、あなたが頑張るならやってみなさいと言ってくれる人です。となると反対する2割の人はもうやむを得ないわけで、いかにして6割の人を自分の味方につけて考え方を理解してもらい、やっていいよと言ってもらえるかということを目指すのだという考え方です。反対する2割の人を抵抗勢力として激しくやり合うのではなく、6割の人を理解させれば8割がGOですから、進んでいけるというわけです。
そのためにはきちんと趣旨を説明し、なぜ必要なのかを理解してもらえるようにしておく必要があります。そのような周到な準備と、プレゼン能力、そして先を見通す力、巻き込んでいく力などが必要であることを私は学びとっていました。これを自分が資質・能力として身につけ、改革の仕掛人としての道を歩んでいくことになります。

15　結婚と子育て

私が結婚したのは1993年の6月、私が29歳のときでした。妻は教職合宿や、教育の会「創」で一緒だった人です。ひと言でいえば、名前の通り、包容力のある人で、私のような感情レベルで反応してしまう人間に対して、そのレベルから引き戻し、理屈の部分で納得できるようにしてくれる人です。

結婚というのは、それまで全く違う人生を歩んできた人が同じ屋根の下に住むのですから、様々な摩擦が起こり得ます。価値観が違うこともあります。違いをどのように乗り越えるかが重要です。

たびたび私は感情レベルで反応してしまい、迷惑をかけてしまいましたが、その都度引き戻されて、まっとうに生きていくことができるようになりました。まさに、スター・ウォーズのフォースの暗黒面に落ちてしまうことなく、人間関係やコミュニケーションを図っていくことができるようになります。

子どもたちは3人、私と同じ幼稚園、小学校に通うことになります。保護者として関わりますが、そこである種の追体験をすることができて、色々と学びました。そのことは第3部でお話しします。

妻も教員として働いていますので、家の中では協力をしなければならないことも多かったです。男性が全く家事をしない昭和の典型的な家族の中で生きてきた私にとっては、価値観の転換が必要でした。とはいえ、家事のスキルがあるわけではなく、今でも迷惑をかけてしまっています。

子どもは保育園に通います。長女が最初に通う日のことをよく覚えています。曜日の関係で、初日は私が送って行くことになりました。泣き叫んで私から離れない娘を保育士さんがさっと連れて玄関から奥のほうに連れて行ってしまいました。私自身も離れがたいという気持ちになり、しばらく動けなかったからです。そんなことも保育士さんはよくわかっているので、すぐに奥に連れて行ってしまったのです。

この保育園の送り迎えや、スイミングスクールの送り迎えなどでは、私の母が手伝ってくれました。これは大変ありがたいことでした。こう書けばわかるように、私は私の父と母と同居することになったのです。ここでまた葛藤、闘いが起こります。親子の関係性というのは、そう簡単には変わりません。母に抵抗して激しく対立をしたこともありました。なぜそのようなことになったのか、それは私が生まれてからのことをお話しすることで理解していただけるのではないかと思います。そこで、第2部は過去に戻って、私が生まれてからのお話になります。

【第1部の終わりに】

私の短所は、感情的な反応をしてしまうことです。生徒会活動でうまくいかないとき、あるいはボランティア活動でうまくいかないとき、感情レベルで反応してしまい、結局うまく進みません。コミュニケーションを図るうえでマイナスに作用するからです。ではなぜ私が常に感情レベルで反応するようになってしまったのか。それは子どものときからそのことをずっと学んで刷り込まれてきたからです。

では具体的に、どのように感情レベルで反応することを学んだのでしょうか。そのことを第2部のエピソード1から3まで、つまり生まれてからの幼少期、小学生時代中学生時代まで戻ってお話をすることにしましょう。

スター・ウォーズでは、エピソード4・5・6が終わると、なぜダース・ベイダーが生まれたのかという興味あるいは疑問が起こります。それに応えるようにエピソード1・2・3の第2部が公開されるのです。ルーク・スカイウォーカーの父、アナキンの子どもの時代からが描かれていきます。そしてエピソード3の最後にダース・ベイダーとなっていくシーンが描かれます。その過程は敵との闘いであると同時に、自分との闘い、すなわちフォースの暗黒面との闘いでした。それと同じように、私がなぜ感情的なことをあらわにする人になったのか、次の第2部のエピソード1からお話をしていくことにしましょう。

04

Episode 1

どんくさい男の子
ー幼児期ー

豊はこの世に生を受けます。生まれてくるとき
の状況が、その後の豊の人生に大きな影響を与
えます。幼児期の闘いが始まっていきます。

1　生まれたときからせっかちで

私は1963年11月の生まれです。しかし生まれてくる予定日は翌年の1月だったと聞いています。

当日はとても寒い朝だったと母から聞きました。2ヶ月近く早く生まれてしまったのです。法事がありとても重視する家だったようです。法事があり妊婦といえども参加は義務づけられていたそうです。法事をとても重視する家だったようです。母はその日に破水し、私は生まれました。2500グラムに満たなかったようです。当時としては未熟児です。これから生まれてくる命よりも亡くなった命のほうを大切にするというのはいかがなものかと思いますが、嫁としての立場の母がそのようなことを言うことはできなかったのだと推察されます。

母はどう感じたのか。この生まれてきた状況が、私の人生を決定づけます。

2　溺愛を受ける

そんな状態で生まれてきた私を、母は溺愛しました。この子は大切に育てようという責任感が、人よりも数倍芽生えたのかもしれません。例えば、授乳のときに電話がかかってきても一切出なかったそうです。

よく時代劇で殿様の着替えのシーンがあります。殿様は立っていればよいのです。

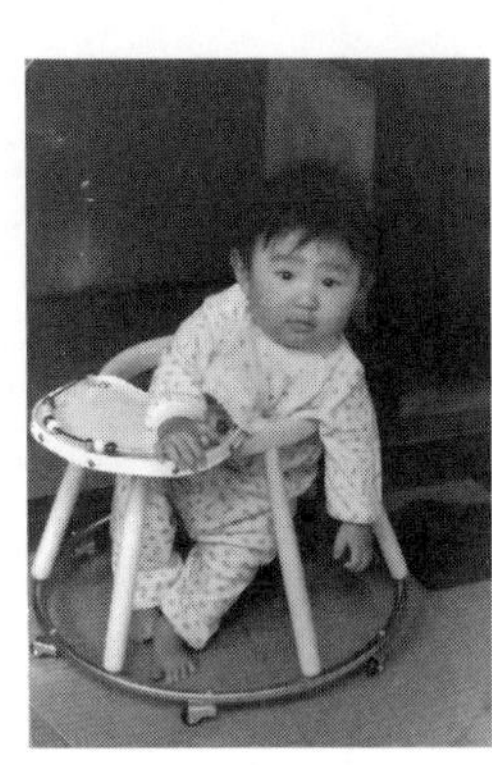
こんな時代もありました

お付きの者がすべて着替えを用意し着せ替えてくれます。私の小さい頃は、そのような状態だったと思えばよいでしょう。とにかく何でもしてくれる、何でも用意してくれる、欲しいものが手に入る。極端に言えばそのような生活だったのではないでしょうか。そのような育てられ方をした子どもがどうなるかは想像がつくでしょう。どんくさい子。自分では何もできない子。わがままな子。そのような状態だったと思います。

豊という名前は豊かな体、豊かな心、そのような人間になることを期待してつけられました。小さく生まれましたので、豊かな体ということに親の気持ちが表れています。

とにかく過保護という言葉がぴったり当てはまるような育てられ方をしたのだと思います。このことは、私の人生にとって大きな意味をもつものになりました。性格の形成、人間関係、ありとあらゆる面において、その基礎を養う乳児期と幼児期に過保護で育てられたことは、大きな影響を私にもたらしました。この本の中で述べている抑圧との闘い、人とどう関わるかという点での課題、そのことに関わる原点はここにあったのです。

3 厳しい指導を受ける

どんくさい子ですから、親に叱られることもたくさんあります。溺愛するだけではなく、母は大変厳しい母でした。できないことがあると怒ります。あるいは失敗すると、怒ります。食べ物や飲み物をこぼすと怒られます。そして怒るだけではなく、その問題解決の方法を教わることもありませんでした。特に飲み物をこぼしたときは怒ると同時に動くなと言われました。なぜなら動くと余計に汚れた床が汚れるからです。そして全部きれいに母が拭き取ります。私は問題解決の方法を学ぶことなく育ちました。笑われるかもしれませんが、私は大人になっても何かをこぼすとフリーズ状態になります。自分からは動けずタオルを取りに行くこともせずに、あらやってしまったと言うだけで他人任せにしてしまうこともありました。失敗したときに、怒られるということだけではなく失敗からリカバーすること、課題を解決していくことを教わらなかったことはとても大きな影響をもたらします。それは失敗したときに自分で責任を取ることをせずに、他人のせいにしたり、環境のせいにしたりするということがあるからです。このことは、大人になっても続いていると思います。小さい頃から徹底的にそれを学んでしまいました。

それが昭和の時代の子育てといえばそうなのかもしれませんが、かなり厳しいものでした。私は相当わがままに育てられたのだと思いますが、それは私がわがままな行動をすることが多かったからなのでしょう。かなり色々な場面で注意を受けることがありました。お尻をぶたれることはよくありましたまた。もう少し厳しくなると押し入れに閉じ込められたり、小さい狭い部屋があったのですが、そこに閉じ込められたりということをされました。もっとひどいときは、家の外に出されて中に入れてくれないということもありました。当然そのようなときは泣き叫びます。外に出されたときには、隣の家のおばあさんが大丈夫と声をかけてくれたこともありました。当然裸足です。押し入れの中は真っ暗です。恐怖を当然感じます。今でいえば虐待なのではないでしょうか。そのときに、どうしてそんな怒り方をするのかですが、言うことを聞かないから怒るのだと説明を受けました。親の言うことを聞くのがよい子どもだ、よい人間だという子育てです。その行動の是非や妥当性ではなく、親の言うことは聞くか聞かないかという価値観、そのことを散々刷り込まれました。おこなった行為が悪いという価値観や倫理観ではなく、親の言うことを聞くか聞かないのか、それが物差しとして存在し、そのことを私は小さいときに学んだのです。

あとでわかったことですが、これはアドラー心理学からみると、最悪の子育てです。私の性格は、どんどん歪められていきました。今でも影響があると思ってしまいます。何か人間関係でトラブルになったり、相手と考え方が違ったりしたときに、相手のことを本当に信じられるのか、何に従って自分が行動するのか、不安に思うことが多いです。そして大人になった今でも、このような年になった今でも、他人に対して誤った接し方をしてしまうことも多々あります。その全てがこのときのせいとは思いませんが、私の人格形成に大きな影響を及ぼしたことは間違いありません。

4　いじめを受ける

幼稚園に入って、集団の生活が始まりました。最初のうちはあまりいい思い出はなかったように思います。とにかく人よりやることが遅い、できない。劣等感をたくさん感じることになります。嫌がらせなのか、いじめなのかはもはや思い出せませんが、友達から泣かされることが多かったように思います。ただし陰湿なものはなかったと思います。

幼稚園は私の時代には2年保育でした。年中が花組、年長が月組でした。最初のうちはどんくさくて、からかわれたりしたのかもしれませんが、友達ができて仲よく遊ぶことができるようになると、それなりに楽しい生活を送るようになりました。S君という子がいて、その子は小学校も同じでした。1年生に入学してクラスはおそらく違ったのだと思いますが、幼稚園の時代からの仲よしでもあり、小学校入学後もたくさん遊んだ記憶があります。S君の家は普通の個人宅ではなく、会社の社員寮でした。玄関を入ると中央に長い廊下があります。その左右に部屋がたくさんあって、そこに社員の方が暮らしていたのだと思います。とにかくたくさんの部屋があって、遊びに行くと一緒に探検をしてこの部屋は一体なんだろうとドキドキしながら回った記憶があります。とても楽しい時間でした。そんなこともあり、幼稚園の時代は、前半はあまり覚えていませんが、後半の年長さんになってからは、それなりに楽しい生活を送ることができたと思います。

どんくさい話をもう一つ。ある課題が与えられて工作だったかお絵描きだったか忘れましたが、作業をしているときに、先生が絶対に立ち歩いてはいけませんとおっしゃいました。それが普通のときと言い方が違っていたので、とにかく絶対に立ってはいけないのだと理解しました。そういうときに限って、したくなってくるものです。絶対に立ち上がってはいけない、立ち歩いてはいけないと念を押されていましたので、座ったままで我慢の限界を迎え、ついに液体は流れ落ちます。前の子か隣の子が「水だー」と叫んだのを覚えています。いや、それは水ではないよ。我慢したあとのそれは、たいがい量も多いものです。恥ずかしい。替えの下着はなく、女の子用のパンツをはかされて過ごした記憶があります。二重に恥ずかしい。

この出来事を、どのようにみるかですが、私はやはりここにも抑圧されて言うことを聞かなければならないという呪縛のようなものがあると考えます。あとから考えれば、トイレに行きたいと言えばそれで済んだのにと思いますが、とにかく命令は絶対だという、抑圧的に育てられてきた私にとっては、その命令は絶対でした。当然のこ

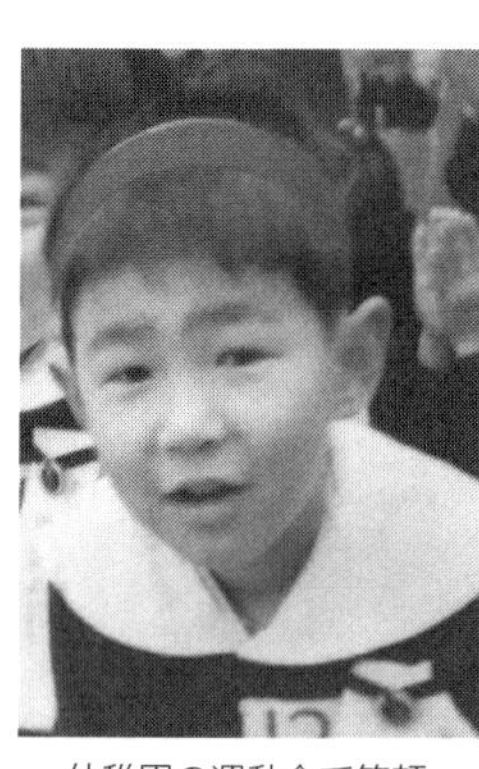

幼稚園の運動会で笑顔

となが ら、帰宅後に母から怒られたのは言うまでもありません。失敗して怒られる。すると自己肯定感を感じることなく、育っていきます。

液体といえば、私は小学校4年生頃まで、おねしょをしていました。おねしょは学齢期には収まることが一般的だと思いますが、私は4年生になってもしていたのです。おねしょの要因は精神的なものがありますから、これも理由ははっきりしています。このことからも、私がかなり抑圧的な家庭教育を受けていたことがわかると思います。そして、おねしょをすると怒られますから、またしてしまうのです。悪循環です。この経験から、私は自分の子どもがおねしょをしたときには、絶対に怒らないようにし、笑って何の地図に見えるかなあ、オーストラリア？南極大陸かな？と言うようにしました。そのため、私のように10歳までおねしょをするなんてことはありませんでした。

5　割り箸と輪ゴム

幼稚園では様々なことがありました。一番よく覚えている教材があります。それは割り箸1本と輪ゴム1本を使っておこなうものでした。輪ゴムで割り箸をぶら下げて、ぐるぐると回しなさいという課題でした。ほかの子どもがどんどんできていくのに私だけができないまま取り残されました。そしておそらくですが30人か40人いるクラスの中で最後までできなかったと思います。屈辱感と大きな劣等感を感じた日でした。ちょっとした工夫でできることなのですが、それができなかったのです。とにかくどんくさい子でした。不器用だということもあります。それは今でも変わりません。工作の類は全くだめです。図工の時間は小学生のときは苦痛でした。中学の技術の時間も苦痛でした。大人になっても家でＤＩＹ等は一切やりません。決定的に経験が不足していたのだと思います。

理由は簡単です。家では、危ないという理由でハサミを触らせてもらうこともありませんでした。当然幼稚園で使ってごらんと言われてもやり方はわかりません。多様な経験をすることがありませんでしたので、できるはずはありません。不器用なまま大人になってしまいました。経験を奪うこと、それは大きな影響をもたらします。これも抑圧の一つでした。

6　習い事のパレード

とにかく当時の私にとっては厳しい母でしたが、どんくさい私に対して、ただ失敗をなじるだけではありませんでした。できないことがあると何とか自信をつけさせせたいという思いがあったのでしょう。様々なことにチャレンジをさせました。それは必ずしも私が望んだというわけではありません。昭和の時代には教育ママという言葉がありましたが、そのような母親であったのだと思います。

オルガンは幼稚園で開催されるヤマハの音楽教室だったと思います。幼稚園の放課後におこなわれるので、家に戻ってからもう一度行くのか、あるいはその日はそのまま幼稚園に残っておこなうのか、記憶が定かではありません。希望者が月謝を払って教わるというものでした。集団で習います。おそらくですが、12、13人いたのではないかと思います。私以外は全て女の子でした。このオルガン教室は、小学校の1年生か2年生位まで継続的に参加したと思います。したがって、小学校から帰ってきて、その後幼稚園に週1回だとは思いますが、通いに行くという形でした。

一番印象深い話があります。いつのときかはわかりませんが、おそらく小学校に上がってからだと思います。決して自分から望んで参加したわけではないのですから、毎週課題曲を練習していかなければならないのに、全くしないで行くということもありました。おそらくそれでいつも先生から目をつけられていたと思います。課題曲にはＳｔｅｐ1とＳｔｅｐ2があって、Ｓｔｅｐ2のほうが難しい曲になっています。私はあるとき、このままでは悔しい、よしびっくりさせてやろうと思い、Ｓｔｅｐ2を練習していきました。そして他のすべての子がＳｔｅｐ1を弾いたのですが、私はＳｔｅｐ2を弾きました。そのときは先生から褒められ、他の子どもたちからも賞賛されました。そんなことだけは覚えています。

オルガン教室が終わると、母はピアノの教室があるのでやってみないかと言ってきました。私はそのときはそれほど嫌ではなかったので、行きたいと言った記憶があります。おそらく小学校2年生か3年生のときだと思います。ピアノの教室は家の通りから1本離れたところにある近いおうちで、おばあさんくらいの年の方が先生でした。その個人宅に行ってレッスンを受けます。バイエルという教材から始まって確か上下があったと思いますがステップアップしていきます。うまく弾けるとシールをもらって次の曲に進むというやり方だったと思います。オルガンをやっていたので、バイエルはどんどん進みました。それはそれで楽しいと思えることもありました。バイエルを終了すると、確かツェルニーあるいはブルグミュラーという教材があったと思います。それらの教材はかなり難しいものでしたが、全て終了したという記憶はなく途中で終わってしまったのではないかと思います。4年生になっていわゆる中学受験の進学塾に通い始めてピアノは行かないことになったのではないかと記憶しています。

書道教室にも行くことになります。これもまた自分が行きたいと言ったのか記憶が定かではありません。書道の教室は歩いて3軒行った向かいのアパートの1室が教室でした。母親よりは若い女性の先生が講師でした。書道には級があるので昇格していく面白さはありました。また実際字が上手に書けるようになったので、それはそれで楽しくもありました。一緒に近所の子も通っていたので、おしゃべりしながら（それがいいかどうかわかりませんが）楽しく通っていた記憶があります。こちらは確か級が終わり、何段まで行ったかはわかりませんが初段か2段位まで昇格して、やはり進学塾に通う頃には通わなくなっていたのではないかと思います。

7　スイミングで自信をつける

どんくさい子ども、その象徴が泳げないということでした。小学校1年生か2年生の頃でした。夏休みのプール指導の日だったのか、あるいは授業参観だったのかは覚えていませんが、プールの壁伝いに歩き、水に顔もつけられない私を見て、母は愕然としました。これはいかんと思ったのでしょう。スイミングクラブに通うことになってしまいます。スイミングクラブは路線バスで通うことになります。20級位から始まって進級テストを受けて昇格をしていくというやり方です。水の中を歩く、顔をつける、蹴伸びをする、バタ足をする、そしてクロール、背泳ぎ、平泳ぎ、バタフライの4種目を学んでいきます。この4種目は25メートルそして50メートルのテストがあります。最後は1級ですが、これは4種目の個人メドレー100メートルでしたが、私は2級止まりでした。おそらく受けていればよかったのかもしれませんが、やはりこちらも進学塾との関係もあり2級止まりでやめてしまいました。かなりこのときは大丈夫だからと言われて、やってごらんと言われたのですが、私は受けることなくやめることにしました。

スイミングについては、自信をつけるという意味では、これはこれでよかったと思います。実際に自信をつけた私は、クラスの中でも水泳が得意なほうになり、今でも覚えていますが6年生のときに、学校対抗の水泳大会（近隣の小学校とおそらく3校の大会）のリレーの選手として出場することができました。大会の最終種目、1人50メートルの200メートル自由形リレーです。4番目に選ばれましたので私は学校の中で4番目に速く泳ぐことができたということになります。私は第一泳者でしたが他校は速い子が出てきたので1位ではなく2位でしたが、友達が抜いて私の学校は1位でした。このときの喜びは今でも覚えています。不思議なもので、その後中学の教員になったときに、水泳部の顧問をして、技術的な指導も含めて生徒たちと関わることができたのは、このときの経験が生きたということになります。何が人を助けるのかわかりませんね。

スイミングクラブで覚えていることがあります。それは背泳ぎのレッスンが始まってからのことです。クロールは泳げるようになっています。しかし最初に背泳ぎで泳ごうとすると頭が沈んでしまいます。母からは、泳ぐときにコーチに頭を支えてもらいなさいと言われていました。当時の私は、母は絶対的な存在ですから、その助言は守らざるを得ない掟のようなものでした。コーチの合図で2人ずつ泳いでいくのですが私は母に言われた通り頭を支えてくださいとお願いをして練習をしていました。何回かはそれが続きました。何回目かのときでしょうか、はいという合図が聞こえたのですがコーチは遠くにいます。遠くにいてこちらにやって来てくれないので、私はスタートできませんでした。隣の子はスタートしています。私はコーチに早く来てほしいと思いながら、ずっと待っていましたが、なかなか来てくれないのです。そのときは意地悪だなぁと思いました。仕方ないので、頭を支えてもらうことなくスタートしました。かなり勇気がいりました。泳いで時々水が顔にかかるのですが、頑張って泳いでいるとコーチはさっと自分の横に来て「できるじゃない」と言ってくれたのです。そうかできるんだと思いました。子どもの時代ですからそのときの出来事は意地悪なコーチだったなぁ、頼んでいたのにと思っていましたが、いつのことでしょうか、自分の子どもがスイミングに通う頃になってからなのか、あるいは大学の教員になってからでしょうか、はたと気づきました。あれは偶然ではなく、コーチはわざと行かないふりをして自分でできることを自分でさせたに違いない。そう確信しました。どんなコーチだったか覚えていませんが、その方には感謝をしたいと思います。自信をつけるということは、結局自分で経験をして失敗しながら学んでいくしかないのだ、そう思います。

8　抑圧との闘い①

「エピソード1」では生まれてから小学校に入学する頃までの長沼少年の出来事を記しました。それは、まさに母からの抑圧の歴史の幕開けでした。なぜ教育か、なぜ教員か、なぜボランティアか。今の私を形づくっている様々なパーツが、実はこの頃に芽生えていることがわかります。

祖父の家は駅にすれば一駅離れた場所にありました。そこへ父の車に乗って小さい頃は頻繁に訪ねて行くことがありました。そのときに毎回恐怖を感じることがあったのです。帰りの車に乗った途端、母からの説教を受けます。あれは何だったのか、なぜあんなことをするのかなどです。つまり母は祖父の前ではギャーギャー怒ったりはしません。嫁としてふさわしい態度があったのでしょう。車に乗った途端にガミガミと説教が始まり、私はいつも怒られていました。毎回車に乗るときに、今日は一体どんなことで怒られるのか、ドキドキそわそわしながら乗り込んだものでした。

いつしか私は、母の顔色をうかがいながら行動する、そんな子どもになっていました。私は母の言うことをよく聞く、言いなりになる、そんな子どもに、そんな兵隊に育っていたのでした。

近年になって、児童虐待のことがニュースで取り上げられます。これは授業でも話をしているのですが、虐待を受けた子どもの多くは、その親が悪いと思うのではなく、自分が悪いのだと思って我慢をするのです。年齢が高くなれば、客観的にみて、どうやら自分の親はおかしいと思うのですが、未就学の子どもなどにとって親は絶対的な存在ですから、怒られる、叱られるのは、理由があってのことだろうと解釈してしまいます。極端なことを言うと、僕が、私が悪いのだと思って亡くなっていく子どももいるのです。

　私の場合も母からの抑圧を、それはこういうものだろう、親が言うのだから間違いはない、私がダメなのだと思っていたのでした。生活のあらゆる場面で徹底的に刷り込まれた価値観や人間関係は、大人になってもそう簡単に変えられるものではありません。その後私は大きな負のエネルギーを抱えながら生きていくことになります。

　まるでそれは、フォースの暗黒面に引きずられて苦しむスター・ウォーズの主人公のようでもあります。

05

Episode 2

リーダーシップの芽生え
ー小学生時代ー

小学校に入学した豊は自信のないどんくさい子でした。高学年になって次第に自信をつけていきますが、その過程で先生という職業への憧れも感じ始めます。

1　恐怖の逆上がり特訓

母のスパルタ教育と思えるようなことは、あらゆる分野に及びました。2年生だと思いますが、体育の授業で鉄棒の逆上がりをします。しかし私はできません。そうなると母は何をするかといえば、特訓です。公園に私を連れて行き、日が暮れるまで、いやできるようになるまで、ひたすら逆上がりをするのでした。何とか私はできるようになりましたが、友達も通る公園ですから恥ずかしいのやら何やら、とにかくまぁやるしかないだろうということで、取り組みました。

さていよいよ体育の時間がやってきます。果たして長沼ができるのか。できなくてどんくさい。その私ができますと言うと、先生はやってごらんなさいとおっしゃいました。ところが公園で練習をしたとき、私は鉄棒を持つ手がいわゆる逆手でした。順手では練習しなかったので、この持ち方ではできませんと言いました。すると先生は好きなほうでいいよとおっしゃってくださいました。私は逆手でやりました。できました。先生が褒めてくれましたし、周りの友達からは拍手が起こりました。あのときのことは今でも覚えています。自信をつけさせるという母の思いは充分私にも伝わってきましたし、それが実際にできて周りから認められるという体験はとても重要であると感じます。このときよかったことは、先生がどちらの手でもいいよと言ってくださったことです。もし順手でなければダメだと言われてしまったら、できなかったと思います。ですから、このときの先生にも感謝したいと思います。子どもができるとかできないとか、その差はちょっとのところにあるのかもしれません。大人がどのような形でサポートし、勇気づけるのか、それがいかに大切かということを、私はこのときの体験から実感するのです。

2 車のナンバープレート

母は様々なことで工夫をしてくれていました。よく父が運転して様々なところに出かけていきました。そのときに長距離のドライブでは子どもは飽きてしまいます。そこで母は常に興味をひくことを考えて実行してくれました。車に乗っていて前に見える車あるいは対向車のナンバープレートに注目します。そしてその数字を足して10とか20とか30というように一の位がゼロになるものをブタ番と言って、ブタ番を早く見つけるのを争うというゲームをしたのでした。私は夢中になって数字を足してブタ番を見つけます。私には4歳下の弟がいて、当然弟よりも私のほうが早いわけですが、ときには私が譲って弟に勝たせることもありました。

考えてみると数字を出すときに左から順番に足すとは限りません。例えば2と8があればそれを先に足すという工夫も自然に会得するようになります。そのようなことを通じて、できるだけ早く計算することができるようになります。このことは私が算数そして数学に興味をもつ、好きな教科になっていく要因になっていたと思います。実際暗算で計算することは結構得意になっていたと思います。このように、遊びながら学ぶことができるということを母は考えてくれていたのでした。おそらくほかにも、今は思い出せませんが、きっと様々なことを遊びながら学ぶ仕掛けを用意してくれていたのではないかと思います。私が教育という分野に興味をもつようになったのは、このような原体験があるからかもしれません。どのようにすれば子どもの興味・関心をひくのか、夢中になって取り組むのか、そのヒントを体験を通して母から学んだと思っています。

3　先生という職業への憧れ

自分自身がどんくさいときには、褒められることもないため、あまり先生にはよい印象をもつことはないのですが、自分が自信をつけて周りから認められたり、先生から認められたりするようになると、その先生のこともよい思いをもつことになります。小学校ではその意味で、高学年のときの先生は印象深いです。

5年生のときの中川先生は若くて教員になってまだ5年目位のバリバリの男性の先生でした。とにかくエネルギッシュで、ぐいぐいと引っ張っていくタイプの先生で、先生という職業はいいなと思いました。冗談を言って笑わせてくれたり、野球の試合の応援などもしてくれたりして、とても親身になって関わってくださった先生でした。普通は5年6年と同じクラスで持ち上がって、先生も変わらないのですが、私たちの学年はちょうど160人前後で人数が増減していたので、5年生のときに5クラスあったのですが6年生では4クラスになってしまい、クラス替えがおこなわれました。そして5人の担任の先生のうち、その中川先生だけが持ち上がらずにまた5年生の担任になったのでした。とても残念に思いました。

6年生の担任は森野先生、中年の男性でベテランでした。中学受験のことについてもとてもよく理解をしていて、受験にも通用する力をつけてくれました。特に算数では計算ミスの少ないやり方をノートの取り方から含めてきっちりと指導をしてくださり、それ以降私は計算ミスはほとんどしなくなりました。このことも私が中学の数学の教員になる一つの要因になっていたのだと思います。教えるとはどういうことなのか、学ぶとはどういうことなのか、これらのことについて小学生ながら考えることができた、そのような1年間だったと思います。

この小学校高学年のときの2人の先生の存在はとても大きく、私は将来先生になりたいという気持ちが芽生えたのでした。

4　野球チームで活躍する

4年生の頃から私は野球チームに入りました。同じ学年の子どもだけで集まってチームをつくっていたと記憶しています。といってもほとんど組織的なチーム活動ではなかったので、好きなときにやっているという感じでした。それでも一応ユニホームを作り試合もしていたので、部活動のような本格的なものではありませんでしたが、楽しく参加していました。

6年生のときに、チームとして地区の少年野球大会に出たらどうかという話が持ち上がりました。それはあとからわかったのですが、どうやらうちの母がPTAの副会長をしていましたので、情報をもらって参加したらどうだろうかという呼びかけをしたのでした。それには反対をした保護者もいたようでしたが、よい機会だからということで参加をすることになったのでした。反対をした保護者の子どもは出場しなかったかもしれません。

王・長嶋の時代ですから

人数が足りなくて急遽声をかけてきてもらった同級生もいたように思います。大会には6年生のチームはあまりなかったのでトーナメントではどんどん勝ち上がっていきました。私は多分2番・ショートだったと思います。野球についていては高学年になってから運動することに自信をもつようになり、また自分でも素振りをしたり家の前で壁にボールを当てて練習したりしてそれなりに上手になっていたと思います。結局決勝まで行きそれまでの試合でホームランもたくさん打っていたので、4番を任されました。決勝の相手はさすがに強い相手でそれほど点は取れませんでしたが、私もヒットを打ち、友達のヒットで生還した記憶がありますので、貢献できました。優勝してトロフィーと賞状をもらったのです。このことも大きな自信につながりました。

その結果は学校にも報告され、朝礼で結果発表があり、校長先生が賞状を授与するので出場したメンバーは全員前に出てくださいと言われ私たちは前に出ました。そしてその賞状もらう代表はなんと私でした。全然聞いていなかったので、びっくりしました。まさか全校児童の前で賞状をもらって、拍手を浴びるとは思ってもいませんでした。6年生で今でも覚えているとてもよい思い出でした。

考えてみると、どんくさかった私は少しずつ自信をつけ高学年になると運動も好きになり、体育の授業も苦ではなくなり、水泳も上手になり、野球でもその成果を上げることができて、とても充実していたような気がします。

5 祖父の介助はボランティアの原点か

私が20歳のときに他界した祖父は、晩年には白内障を患っていました。何度か手術をしたようでしたが、視界は極端に狭くなっていました。今の私が再現しようとしたら、微かに薄目をあければよいでしょう。そんな状態ですから外出するのは大変だったように思います。私が小学生の頃はよく、私の両親、私とともにデパートなどに買い物に行きました。そのとき、必ずといってよいほど私が祖父の手を引く役になっていました。それは孫として当然のことのようにも思われて、当時は別段何も考えていませんでした。ただ祖父と手をつなぐことができて嬉しいとだけ思っていました。

駅までの道、駅、電車への乗り降り、駅からの道、人込み、デパートの狭い通路、と案外気が抜けないのです。祖父に席を譲ってくださる方への会釈も忘れないようにします。それでも最初のうちは何度も失敗して危ない目にあわせてしまいました。電柱にぶつかる、水たまりに入る、などなど。急に祖父の前を横切る人に対して無防備であることにも気づきます。次からは私が半歩くらい前を歩くようにします。ステッキを持つ手を無理に引っぱると方向がわからなくなり困惑している様子。次からは反対の腕の肘を後ろからあてがうようにします。こうして誰に教わることもなく効果的な介助法を会得してしまったのです。

かなりあとになって、たまたまボランティアの活動先で目の不自由な人の介助法を教わる機会がありました。それが、以前会得したものとほぼ同じだったのには驚きました。私がボランティアに興味をもつようになったのも、このような原体験があったからかもしれません。さりげないきっかけをつくってくれた両親に感謝したいと思います。

ちなみに、この体験を踏まえて、子どもが小さい頃から親子でプチ・ボランティアの体験をやってみようというコンセプトで著したのが『親子ではじめるボランティアー社会性を育むきっかけづくりー』（金子書房、編著）です。

6 楽しかった特別活動

自分自身が自信をつけて色々なことに取り組むようになると、クラスの委員なども担うようになりました。初めて学級委員をやったのは3年生の3学期でした。リーダーシップについて学ぶ最初の機会でした。その後高学年になっても学級委員をやることがありました。学級会で意見をまとめることの難しさを感じたり、一緒にクラスレクを考えて盛り上げたりする経験など。その後私が、特別活動が大好きな教員になり、また特別活動を研究することになる、その原点はこのときにあったのだと思います。小学校の高学年の頃から、特別活動が大好きな子どもだったわけです。

児童会活動も高学年になると委員会がありますが、このときも活発に活動しました。5年生のときはジャンケンで負けて給食委員会になりました。給食委員というと女子のイメージが強いのか、男子からは人気がなく、実際委員会に行ってみるとほとんどが女子でした。男子は目立つのか色々な役が回ってきたと記憶しています。給食委員会の活動は、給食後に給食室の前に行って各クラスから運ばれてくるものを確認し、残飯のチェックをしたりすることが活動でした。6年生になってどの委員会にしようかと思ったのですが、引き続き給食委員になって委員長をしてみたいと思うようになったのです。どんくさくて失敗ばかりで人前で何かをすることをできるだけ避けてきた子どもが、みんなの前で仕切る役目の委員長になると考えるというのはとても不思議なことです。実際委員長になることができて、頑張って活動を仕切っていきました。また委員長になると代表委員会という、各委員会の委員長・副委員長とクラスの学級委員の代表者等が集う執行部のような委員会にも参加をすることになります。どのように意見をまとめるのか難しい場面に直面しますが、同じ学年の友達でとても上手にそういうことができる人がいたので、その姿を見て学ぶことが多かったように思います。例えばどのようにまとめるのかわからなくなってしまったときには、司会と副司会、書記が時間をくださいと言って打ち合わせをし、そしてまた取り仕切っていく。そのようなやり方から私はリーダーシップなるものを学んで、とても有効な時間だったと記憶しています。

クラブ活動は郷土クラブというクラブに入りました。地域の様々な史跡を調査研究したり、わが街の誇りのようなものを学んだりしていく、そのようなクラブでした。6年生のときにはクラブ長に立候補してなりました。クラブはとても楽しく、実際に地域探検をして史跡巡りをするというようなことも企画をして実施しました。今では安全性の問題など色々と言われてしまうのかもしれませんが、当時はおおらかな時代でしたので、先生にきちんと計画書・企画書を持っていきＯＫが出ればそれで地域探検をすることができました。友達と一緒になって探検をしたときのことは今でもよく覚えています。郷土クラブを通して、自分の住んでいる地域がますます好きになりました。これはとてもよかったと思います。

学校行事も大好きでした。運動会では6年生になると何年かぶりに応援団を復活させることになり、私は紅組の応援団になりました。何しろそれまでに経験しなかったことをするのです。一からつくらなければなりませんでした。団長を選ぶのもどうするのか、覚えているのは体育館の舞台に立って声を出し一番後ろでみんなが待機し、きちんと聞こえるかどうかを確認するというやり方で決めたのでした。私は声変わりをしている最中で、あまり大きな声が出せませんでした。その結果団長にはなりませんでしたが、副団長になりました。団長中心に紅組の手拍子を考え、そして今度はそれを全校児童の前で紅組のみんなに教えるということを事前にやりました。そのような貴重な経験もさせてくれた運動会でした。覚えているのは、団長がリレーの選手でしたので、リレーの応援は私が壇の上に立って全校児童の前で紅組の応援をしたときのことです。団長の経験も

定番のアングルでポーズ

できたわけです。どんくさい低学年のときの長沼少年からは考えられない光景です。

6年生の移動教室では確かレクリエーションの係をやったと思います。6年生では伊豆高原にある区の施設に行くのですが、そのキャンプファイヤーのときのレクリエーションを考え実行する役でした。記憶では雨の日で残念ながら外でのレクはできませんでしたが、体育館のようなところで、みんなで実施する、そのような経験をしました。まさかそのとき、将来本格的にレクリエーションを学び、指導者の資格を取るとは思いませんでした。どうすればみんなで楽しめるのかという視点をもてたこと、それは小学校の時代にすでに経験があったということになります。

このように特別活動が好きになったこと、それは小学校のときの経験が原点だったということになります。

7 暗黒の私立中学受験

私立中学受験、それは私にとってはとても苦い経験になりました。とにかく何が何だかわからないまま難しい勉強が始まったと記憶しています。

今では本格的な塾は3年の3学期からの3年間ですが、当時は4年の3学期からの2年間でした。最初は今でも有名な四谷大塚に通うことになりますが、とにかく何が何だかわからない。予習シリーズを予習していくといっても難しくて手が出ない。そのままの状態で日曜日にテストを受けてもよい点が取れるはずがない。その勉強を誰が見るかといっても親はそこまで詳しくは見てくれない。そんなことでずっと成果が出ないまま過ごしていきます。

今はわかりませんが、当時はテストでよい点を取ると会員になるわけですが、そうでないと準会員という扱いになります。私はずっと準会員のままでした。準会員だと本格的な教室での勉強はさせてくれません。

そんな状態が続いたのですが、さすがに母はそれを見てまずいと思ったのでしょう。塾を変えます。日本進学教室という今ではないのかもしれませんが、通称・日進（にっしん）に通うことになります。そこでは成果を出すことができたのですが、そのきっかけとなったのは日進の教材を扱って授業をしてくれる塾が近所にあり、そこに通うようになってからでした。そこでは日進でおこなうテストの過去問を解かせてくれ、解説までしてくれました。そこで多少の自信をつけて成果を上げるようにはなったのでした。

それでも第1希望には到底及ばないわけです。当時は偏差値という概念は使われていませんでしたので、AランクとかBランクとかそのような表記だったと記憶しています。第1希望の学校は父が卒業した慶應普通部でした。もちろん超人気があり、倍率も高く、他のすべての学校の入試が終わった後2月7日とか8日に入試をするので、たくさんの受験生が受験する学校でした。

残念ながらそこは不合格で第2希望と第3希望の学校には受かることができました。その2つについてはどちらを選んでもよいと親が言うので学習院を選びました。そこから私の学習院人生が始まるわけです。もし池袋のほうの学校を選んでいたら私の人生は変わっていたことでしょう。

とにかく今から考えると、受験に関わる戦略としては不十分でした。どのように勉強したらいいのか、何を勉強したらいいのかもわからないまま教材だけが与えられても、子どもはわかりません。ひどかったのは、母がどんどんこれがいいと言う参考書を買ってくることでした。母はPTAの役員をしていましたので様々な先生から助言を受けることができたようです。〇〇先生がいいと言っているといって参考書が届きます。別の〇〇先生はこれがいいと言っているといって別の参考書が届きます。机の前にはどんどんどんどん参考書や問題集が並び、私は一体どれをやればいいのかさっぱりわからないまま、ただひたすらにたくさんの参考書を前にして、できない自分がいて悶々としていきます。これではよい成果が出るわけはありません。とにかくそのようなやり方で第1希望など受かるはずはないのです。小学校ではクラスで1番2番という成績をとっていても、塾では毎回のテストで平均点にもいかない、優秀者のところに名前も出ない。劣等感を感じることしかありませんでした。日進のほうでは名前が出ることもあり、多少自信をつけることはありましたが、12歳の少年でも自分がどれくらいの位置にいるかは理解できます。第1希望には受かることはないだろう、そう思っていました。そんな思いだから本当に受かるはずはありません。ダメな例ですね。

そのようなことで、中学入試にはよい思い出は全くありませんでした。ただ、半生を過ごすことになる学習院という学校と出会えたことは幸運なことでした。そこからの私は学習院という環境の中で育てられ、育ち、自分も育てる側に回って仕事にするわけですから。

ちなみに自分の子どもの中学受験のときは、自分が味わったような失敗をすることがないように配慮したつもりです。それでも子どもたちに苦労させてしまったなと思っています。12歳の選択。よい点と悪い点があるように思います。そのことはまた別の機会にお話しすることにしましょう。

8　抑圧との闘い②

「エピソード2」では私の小学校の時代を思い出して記してみました。それは抑圧との闘いでした。母からの抑圧は凄まじいものがありました。中学受験のストレスも相まって、6年生のときにはここには書けない悪さをしてしまったこともありました。一歩間違えればグレていたのかもしれないと思っています。一方で、自信をつけさせるという点では、効果を上げたのだと思います。自己有用感や自己肯定感を感じるときもありました。

価値の刷り込みというのはおこなわれるものです。例えばテレビを見ていてよく母は、私はこの人好き、私はこの人嫌い、とはっきり言います。そのことで母の価値観を知り、それを受け止めていきますが、小さい子どもは往々にしてそれを信じて自分も同じ価値観をもつようになります。それは人だけではなく様々な出来事に対しても同様です。

子どもにとって親の存在というのは、やはりとても大きなものがあります。決して押しつけではないけれども、価値観を受け取る、そう信じる。そういうことが現実にはあります。特に接している時間が長い親、昭和の時代にはそれは母親でしたから、その影響は大きかったのです。

しかも男の子にとって母親は異性でもありますから、異性をどう見るのかという見方や接し方も学ぶことになります。私にとっては服従するか否か、散々母に服従、屈服させられてきましたので、自分が好む女性は、逆に自分が服従させられる、屈服させられる人になっていたのではないか。そう思います。そんな価値観でうまくいくはずはありません。大きくなって女性とお付き合いをしたときに、その影響が出てくることになります。

06

Episode 3

男子校という世界
ー中学生時代ー

中学受験で挫折を味わった豊は、その後の人生に影響を与える学習院の中等科に入学します。思春期・反抗期の闘いにはフォースの暗黒面が待ち構えていました。

1　いじめてしまったが

学習院中等科に入学しました。男子校です。1年2組、主管は鳥居先生でした。学習院では学級担任のことを主管といいます。英語の先生でした。男子だけの世界です。

私は小学校高学年の頃からなんとも気持ちの整理のつかないストレスを抱えていました。そしてそれはマイナスのエネルギーとして妙な方向に向かってしまっていたのでした。私の前の席にいたのは、ちょっと気弱な感じの子でした。私は彼を標的にして、嫌がらせをしてしまったのです。いじめと言ってもよいでしょう。椅子の背もたれには隙間があって、そこから彼の背中を蹴る。授業中にしてしまったこともありました。けしからん男です。今から思えばとんでもないことをしてしまいました。授業中のときは、その子が泣き出してしまったので、さすがに先生も気づきます。中3のときに主管となる井上先生から注意を受けました。叱られて当然だと私は思いました。

ところが叱られたのは先生からだけではありませんでした。授業が終わって廊下に出ると、同級生のT君とN君が待ち構えていました。長沼何やってるんだ、ふざけんじゃない、今度いじめたらタダじゃ済まないぞと言ったのです。私はわかったと言いました、神妙な顔つきで頷くのもなんだか変な感じがしましたので、照れ隠しにヘラヘラした態度をとってしまったのだと思います。まったくとんでもない男です。私はその2人の友達から注意を受けたことが、妙に嬉しかったのです。こんな風に注意をしてくれる友達がいるのだ。ヘラヘラした自分がとんでもなく小さな存在、情けない存在に思えたほどです。

この2人は初等科から進学をしてきた生徒でした。T君とはその後お互いにキャンディーズのファンということで意気投合し友達になります。特に中3になってキャンディーズを一緒に応援するようになって仲よくなりました。N君は私をバスケットに誘った仲間で一緒にプレイをしました。私よりも身長が高くすでに180センチあったと思います。センタープレーヤーとして活躍しました。のちに生徒会でも活躍をした男です。この2人の存在はとても大きいものでした。彼らが初等科から進学をしてきたということもあり、私は学習院という学校がより好きになりました。いい学校だなと思ったのです。それ以来一度もその子をいじめたことはありません。

学校に慣れて気持ちが緩んだ時期だったと思います。そんな私に喝を入れてくれたのです。私はこの学校でちゃんとやっていこうと思った出来事でした。

2　バスケット部に入る

中等科に入って部活動は野球部に入ると決めていました。小学校時代野球チームでプレイをしていたからです。バッティングや守備などそれなりに自信もありました。当時スポーツで一番の人気はなんといっても野球です。現役の王と長嶋を見た、球場でも見たことがある世代です。ですから野球が一番の人気でした。

クラスの中で私を注意してくれたN君が、バスケット部に入らないかと誘ってきました。とりあえず説明会があるので聞きに行ってみようということでしたので、体育館に行きました。大勢の新一年生が来ていました。そのときに説明をしてくださったのがTコーチという大学生でした。やはり学習院は一貫の学校なんだなぁと思いました。大学生がコーチとして来ているからです。おそらくもう4年生だったと思いますが、その説明はとても魅力的なものでした。バスケットの魅力、部活の魅力などなど大学生の話に引き込まれていたのを覚えています。そしてまた野球好きな子が多いということもわかっていたのでしょう。時々は遊びで野球もやるからなと言ってくれたのです。実際には入ってみたらそんな練習は全然なかったのですが。とても魅力的な部だと思い、またN君の誘いもあったので、私はバスケット部に入ることにしました。もし野球部に入っていたら、違う人生になっていたかもしれません。
1、2年生の頃はあまり真面目に参加をしていたとはいえませんでした。とはいえ新しく習う種目ですので、技術を習得すること自体は楽しく身につけたと思います。
部活動の楽しさは単にそのスポーツを味わうことにとどまらず、一緒に活動する仲間との交流もよいものです。練習が終わると、一緒に帰ります。目白から山手線、同じ方向に帰るI君やY君といった仲間と必ず一緒に帰っていました。部活の仲間といっても、部活の話だけをするわけではなく、授業のことや様々なことについて楽しくおしゃべりをしながら帰るわけです。とても楽しい部活動の生活でした。先輩後輩の関係でいうと、バスケット部については先輩がとても厳しいというようなことはありませんでした。他の部活を見てみると、先輩がやたら厳しいとか、球拾いばかりさせられるとか、叱られるとかそういうところもあったように聞いていましたが、バスケット部に関してはそのようなことはありませんでした。それでも昭和の時代の運動部ですから、雑用に関する部分は1年生が担うということは当然のようにありました。試合のときにはボールなどの用具を分担して会場まで持っていきます。確かボールが6個入るような大きなカバンもあったと思います。そういうものも1年生が運びました。それ以外に通常の練習でも、早めに行って用具を出しておくこと、モップで床をきれいに磨いておくこと、練習後にもモップがけ、用具を全てしまうこと、ボールをピカピカに磨くこと、などなどたくさんの雑用がありました。それは当たり前としてやることとして受け止めていましたので、それほど嫌だなあと思うことはありませんでした。先輩から理不尽なことを言われることもなく、その点でも恵まれていたと思います。

3 だらしない中学生

勉強のことについてですが、中学1、2年の頃はあまりよいとはいえませんでした。

もちろん親が呼び出しを受けるとか、赤点を取るというようなことはありませんでしたが、満足のいく成績を取るほどでもありませんでした。

一番得意だったのは数学でした。算数の面白さを知っていたからだと思います。苦手だったのは色々ありますが、まずは国語。漢字の練習などは問題ないのですが、読書感想文が恐怖でした。夏休みには3冊読んで1冊あたり原稿用紙400字詰めを3枚以上という課題が3年間出ました。3年間担当は同じ北島先生でした。何しろ本を読むこと自体が苦手ですし、作文も苦手でした。この両方が組み合わさった読書感想文は恐怖でしかありませんでした。実際に3冊×3枚など書けるはずもなく、9月の2学期の最初は重苦しい気持ちで登校するのでした。夏休みの宿題は2学期の成績に反映されますので、2学期の成績は特に国語はあまりよくなかったと思います。

当時中等科には9月テストという定期テストがありました。英国数の3教科か理社を含めた5教科だったか。国語は夏休みの課題図書があり、それを読んだうえで9月テストを受けるということになります。課題図書も読めるはずがなく、その内容についての読解問題ですから、解けるはずもありません。確か50点満点で10点位だったと思います。これは相当叱られました。思い出したくない思い出です。

ほかに苦手なものといえば図工が苦手だったことからわかると思いますが、美術と技術・家庭でした。私たちの時代は、家庭科は男女共修ではありませんでしたので、家庭科はなく技術でした。この美術と技術は同じ先生で、いかにも芸術の先生という雰囲気の年配の先生でした。作品作りを学期の初めに説明して、それ以外は時々見回りもありますが、いつも教材準備室にいて、これで先生かと私は批判的に見ているほうでした。もともと図工が嫌いということもあり、また先生のことも好きになれず、いつも作品作りは後回しでした。授業中は生徒4人が机を囲む形だったのですが、いつもその友達と喋っていて、作品作りは全然進みませんでした。学期末になると、いよいよその作品を見せる時間がやってきます。先生は作品を集めて授業以外で採点するのではなく、授業中に出席番号順に先生の机のところに持ってこさせて、そこで採点するのです。したがってその採点中はほかの生徒も見ています。「なんだこれは」というような声をかけられることもあります。恐怖でしかありませんでした。

作品を作ろうと思って最終的には間に合いませんので、家に持ち帰って作業することになりますが、それでもいよいよ前日になってまだできていない状態です。夜の9時を過ぎてノコギリで木を切っているのを見かねた父が、毎回のように手伝ってくれました。手伝ってくれるというよりもほとんどやってくれました。父は工作が得意で、手際よく作業していたのをよく覚えています。父が私に助けてくれるというのはこれ以外にあまりなかったのかもしれませんが、とにかく美術と技術の課題を手伝ってく

初めてのスキー体験

れたというのはよく覚えています。父に感謝したいです。このような苦手な教科もありましたが、学校自体はとても楽しく生活していました。ただ、一人どうしても許容できない教師がいました。暴力を振るうのです。この教師だけは許せないと思いました。友達が授業中に目の前でビンタされるのを見るのは耐えられません。そのときは下を向いていました。昭和のその時代はまだまだ体罰というのがあったと思いますが、男子校ということもあったのか、当たり前のようにそのような指導をする先生を決して尊敬することはできませんでした。しかし先生とはそういう厳しさが大事なのだということは残念ながら学んでしまいます。そういったこともその後の人生に影響を及ぼします。私は教師を目指していましたので。

4　弟が羨ましかった

中学生になって思春期を迎えた私は、当然のことながら抑圧的なことをする母に対しては反抗するようになります。言い争うことはたくさんありました。反抗的な態度をとるようになります。母も負けてはいません。母は怒ると、無視をすることもありました。話をしないわけです。あるいは睨みつけて、ずっとそれを続けることもあります。

こちらも対抗しますので、同じようなやり方をしてしまうわけです。つまりそのやり方を、体験を通して学ぶわけです。無視をする、睨みつける、それをずっと続ける、そのようなやり方を、コミュニケーションのあり方を学んでしまいました。

そのような状況で、行き場のないマイナスエネルギーは、4歳下の弟に向かうこともありました。いわばストレスのはけ口として弟に強くあたる、そのようなこともありました。弟は母に兄が怖いと言っていたと記憶しています。人間関係のあり方をかなりねじ曲がった形で学習してしまいました。2人兄弟の兄と弟。よくあることですが、私のときはだめだ、それをやってはいけないと言われたことが、同じ歳になった弟には言わない、緩やかになるということがありました。私は母に対してもそうですが、弟に対してもよくない感情をもつ、つまり嫉妬をしてしまうことがありました。そのような感情が入り乱れて、思春期、反抗期の私は、穏やかではない気持ちで過ごすこともありました。

弟はかなりできがよくて、優等生でしたので、その点も嫉妬をしてしまう材料になりました。彼は4歳下ですので、私が高一のときに小学校6年生で中学受験でした。もちろん第1志望は慶応でした。私は自分のときのリベンジと考えて、合格させるべく家では家庭教師の役を担いました。私のときはどれを勉強すればよいかさっぱりわからない、そういう経験をしましたので、弟のときはそういうことをさせない。四谷大塚の勉強をするならばそれに特化する。母がほかに勉強しなくていいのかと言いましたが、私はその必要はないと突っぱねました。そんな関わりをしつつも、彼は優秀でしたので、ますます嫉妬してしまうことになります。結局彼は合格するのですが、3分の2位は喜びつつ、3分の1位は嫉妬心の塊だったのかもしれません。

思春期を通して、私は相当自分の性格がひねくれている、ねじ曲がっていると自覚しました。今でもこの性格はそうは変わっていないと思っています。そういう自分の性格は好きではありません。苦しいです。この年になっても、他者とのコミュニケーションで何か不都合なことが起こると、相手を責めてしまう、嫉妬してしまう、そのようなことがあります。そのたびに、自分のことが嫌になり、どうすればよいのかと悶々としてしまうこともあります。人の性格はそう簡単には変わるものではありません。マイナスのエネルギーをどうすればよいのか、私はずっと課題として引きずっていくのだろうと思います。

5　自信をつけ始めた

中3になって、色々なことに自覚をもって関わろうという気持ちが芽生えてきました。

勉強についても、どのようにすればよいかがわかるようになってきました。中学での勉強の仕方に慣れてきたわけです。3年生の成績はそれなりによいものが取れるようになりました。中1と中2の主管の鳥居先生は毎回の定期考査と成績表には席次・

順位を書かないというポリシーをおもちの方でした。私はどのような位置かを気にすることなく勉強していたわけです。中3の主管の井上先生は席次・順位を書いて知らせてくれる先生でした。おそらくそのほうが普通だったと思います。3年の1学期の中間考査でしょうか、教科ごとにそして総合点でも順位がつきます。クラスで何番、学年で何番とわかるわけです。それは励みにもなります。これなら学年で10番もいけるのではないかと思うわけです。中等科では中3の成績で上位約10名を中等科賞として卒業式の日に表彰します。それを目指したらよいのではないかと思うわけです。動機づけとしては外発的な動機づけだったとは思いますが、頑張りました。結局中3の1年間の席次は13位でした。その年の中等科賞は上位9人ということで、残念ながら賞は受け取ることができませんでした。9人ということはおそらく10位と11位の2人が同点、または12位までの3人が同点だったのかもしれません。いずれにしても惜しいところで逃してしまったわけです。しかしそれはとてもよい経験となりました。努力は裏切らないということを学んだからです。中等科での勉強はこのようなものでした。

部活動のほうは中2の秋から私は副将を任されました。それなりに責任をもって頑張らなければならないと思い、練習もサボらないようになりました。春の区大会では3位に入賞し、その上のブロック大会というのに出場しました。先輩がなしえなかったことです。ブロック大会では1回戦で他の区の2位の学校と当たりましたが1点か

2点かわずかな差で負けてしまいました。しかしブロック大会に参加をしたことで自信がつきました。部活動に主体的に参加をすることがいかに大事かをこのときに学びました。

生徒会活動についてですが、いわゆる生徒会の中枢はN君たちが頑張っていました。私は委員会の活動を頑張っていた記憶があります。しかし一番印象に残っているのは文化祭の装飾委員長でした。N君たちが今年の文化祭は統一感をもった装飾をやろうというアイディアを打ち出してきました。それまでやったことのない全体の装飾、例えば廊下も各フロアで色を決めてその統一カラーで装飾をするということです。みんなで考えて、新しいチャレンジが始まりました。ここでも主体的に行動すること、責任をもって実行すること、そのようなことを体験を通して学ぶことができました。何よりも自分たちがつくる文化祭を味わうことができました。特別活動に参加・参画するという素養は、この中学生の時代にもしっかりと学ぶことができたわけです。

修学旅行は旅行委員で活躍

特別活動と部活動を大好きになったのは、この中等科時代の経験が大きかったのではないかと思います。また、相乗効果で、学習面でも自信をもって取り組むことができるようになり、自己肯定感を味わいました。

6　抑圧との闘い③

「エピソード3」では中学校時代の長沼少年のことをお話ししました。

思春期の頃は、抑圧に対して、猛烈に反発をします。母も負けてはおらず、容赦ありません。ガンガン言ってきます。反抗期とはよく言ったもので、徹底的に反抗します。言い合うことは日常茶飯事で、しかし必ず屈服するしかないのです。最後は飯を作らないと兵糧攻めの脅しがありますから。こんなにしてやっているのに、という言葉も飛んできます。善悪の価値判断で迫ってくるのではなく、権力者が偉いのだ、だから従えということを押しつけてきました。私は服従すること、屈服することを徹底的に学びました。今でも体に染みついています。

そのことは私のその後の人生、人間関係に大きな影響を及ぼしました。先輩など、年上の方とは全くうまくいかず、服従するか否かという点でのみ関係性をつくってしまうからです。親子の人間関係というのは、その後の人間関係のあり方に大きな影響を及ぼすと思います。経験を通して学んだのは、屈服をすること、服従をすることだったのです。

さらには、思春期になると、子どもといっても道理がわかってきますから、感情ではなく理屈でもわからせようとします。母は子どもたちに自分の味方になるよう、父の悪口を言い始めます。ひどいところをあげつらい、自分の価値観が正しいことを強調するのです。最低です。このような育てられ方をして、私は性格が曲がってしまいました。

ちなみに、大人になっても闘いは続きました。

ひょっとすると、私が教員になりたいと思ったのも、抑圧される側ではなく、抑圧する側に回ることができればよいと考えたからかもしれないのです。学校の先生というのは、家庭での親と同様、絶対的な存在でした。憧れの存在、それは権力をもっていて、人を納得させられる存在、見方を変えれば、それは人々を抑圧することが可能な職業といえるでしょう。そういったものに私は憧れたのかもしれません。学ぶことの意味や楽しさというような側面ではなく、威張っていられる、相手を服従させられるということに惹かれたのかもしれません。実際、中学時代には、暴力を振るう教師がいました。嫌悪感を覚えながら、我慢して座っているのです。耐えるしかない、服従する、屈服するにはとにかく今は我慢するしかない。そんなことを母から教わってきましたので、逆に自分がそちら側に回れば苦労しないと思ったのではないか、そんな気持ちさえ起こってきます。

フォースの暗黒面がぽっかり穴をあけて待ち構えていました。

【第2部の終わりに】

エピソード1・2・3では、私が生まれてから高校に入るまでをお話ししました。これで第1部の最初、エピソード4につながりました。第2部のエピソード1・2・3ではそれぞれの最後に抑圧との闘いを描きました。私は人間関係を抑圧か被抑圧か、あるいは服従か解放かという関係で学んでしまいました。リーダーシップを発揮するようになるのも、いわば権力側にいたほうが安住であるという考えにもとづいていたのかもしれません。かなり歪んだ形で成長してきました。エピソード4・5・6でお話ししたように、ボランティアの世界に引き込まれていったのも、無関係とは思えません。また教員という職業に憧れたのも関係しているでしょう。

とてもドロドロしています。悩ましいです。フォースの獲得には至らず、常に暗黒面に落ちる淵に自分がいます。不安です。

さて、これでエピソード1から6まで話がつながりましたので、エピソード7からは今の私、つまり大学の教員になってからの私のことをお話ししていきます。これまでの抑圧との闘いの歴史を、どのように自覚し、受け止め、咀嚼し、それを自分の研究や授業、学会などに生かしていったのか、そのことを次の第3部でお話しします。闘いはまだまだ続いています。

07

Episode 7

ボランティア学習を極めたい
ー大学教員時代ー

恩師との悲しい別れを経て豊は大学の教員になります。ボランティア学習、特別活動、部活動、シティズンシップ教育が研究を通してつながっていきます。

1　異動は思いがけずに

中等科と兼任で１９９１年から大学の教職課程の講座を1コマ担当していましたが、１９９９年4月に教職課程の助教授として迎えられ、異動することになりました。ボランティア学習論をはじめ、特別活動論や教科指導論など、教員経験者として多様な講座を担当して、教員養成に従事することになったのです。

中等科を離れることについては、かなり悩み、考えました。同好会や体験学習などのボランティア学習も軌道に乗せるまでにもう少し時間が必要だったからです。しかし、引き継いでくれる若い教員が複数いてくれたことと、大学は研究だけでなく実践の場でもあることから「今度は大学生にボランティア学習を仕掛けよう」と考え決断したのです。それは、「ボランティア学習仕掛人」としての新たな道の始まりでもありました。

実は、私が異動するのには別の大きな理由がありました。それは１９９８年の1月に恩師の佐藤先生が亡くなって、その後任として招聘されたことです。

その前の年の1学期、佐藤先生はお腹に水が溜まっているので抜いてきたとおっしゃっていました。そのときはたいしたことはないと思っていましたが、夏頃からでしょうか、具合が悪くなったと事務室の副手からうかがっていました。後期になって、特別活動の授業にも出てこられなくなり、チーム・ティーチングをしていた清水先生と私が交代で授業をしていました。

突然の訃報に気が動転したのを覚えています。いてもたってもいられず、すぐに先生のお宅に駆けつけました。ちょうどお坊さんが読経をしているところでしたので、終わるまで待って、中に入れていただきました。

恩師の後任ということですから断る理由はありません。名誉なことでもあるからです。佐藤先生が手掛けられた教職合宿や桜育会についても引き継いでしっかりと運営をしていくということも頑張らなければなりません。その覚悟で、私は異動したのでした。その後これらの活動を含めて、いかにして佐藤先生が実践されたことを引き継いでいくのかを考えながら仕事をすることになりました。それは私にとっては大きなプレッシャーであり、重荷でもありました。

あるとき、佐藤先生と同じようにはできない、自分なりのやり方でやっていけばよいと気づき、それからはプレッシャーを感じることもなく、様々な実践をしていくことになります。

2　奉仕活動の義務化に反対する

2000年のことです。首相の私的諮問機関「教育改革国民会議」が発表した「教育を変える17の提案」（最終報告：2000年12月22日）の3番目に、「奉仕活動を全員が行うようにする」とありました。その中身は次の通りです。
①小・中学校で２週間、高等学校で１か月間、共同生活などにより行う。
②指導には、社会各分野の経験者、青少年活動指導者などがあたる。親や教師も参加に努める。
③将来的には満18歳後の青年が一定期間行うことを検討する。（中間報告では「満18歳の国民すべてに１年間義務付ける」となっていたものがトーンダウンしました。）

中間報告（同年９月）発表後、特に「義務化」をめぐって議論が巻き起こったのです。もとより体験型の学習活動の教育的な意義は認知されていますので、これを否定するものではありません。しかしながら、この提案にはいくつかの問題点があると言わざるをえません。例えば、学校の実態を考慮していないのではと思われる点があります。特に高等学校で「１か月」となっていますが、教育課程（カリキュラム）の編成をどのようにすればよいのでしょうか。また、全国一律に日数を決めておこなうことも、学校裁量の度合いを高めた新学習指導要領の主旨と合致していないのです。

奉仕活動の義務化に
反対する講演

さらに上下関係の意味を包含する「奉仕」という言葉をなぜ使うのかという点も指摘できます。ボランティア活動は縦型系統の理念ではなく、横並び型で、相互扶助にもとづく豊かな市民社会を創出する有効な手段として期待されているからです。

このようなことを踏まえ、私はこの提案に反対する活動を始めました。

ここで、ボランティアと奉仕は違うということについてお話をしなければなりません。ボランティアは語源の通り自由意志を表す言葉に人を表すerがつきましたので、自由意志で何かをする人またはその行為を意味します。それに対して奉仕は上下関係がある言葉で、下のものが上のものに崇め奉るという意味があります。奉という漢字の最初の4画は手という字です。ちょうどそれが左右対照になっていますので、両手です。下の部分は貢ぎ物を表していますので、両手で貢ぎ物を差し出している様を表しています。仕という字は、文字通り偉い人の横に立ってお仕えをしている姿を表していますので、やはり上下関係がある言葉です。

奉仕は崇高な理念ですが、ボランティアと奉仕がイコールという場合もあります。特に本人がそう思っている場合はそうです。つまり自由意志で自分を犠牲にしてでも誰かのために役に立つことをするという場合はそうです。しかしボランティア活動は、そのような気持ちを前面に出して活動するものだけではありません。むしろそうではない活動、対等な関係性のもとで成り立つ活動もあります。ボランティア活動には様々な活動があり、奉仕のように今ある社会を前提として、その社会がよりよくなるためにというものもあれば、むしろ社会を批判的に見て変えていくというスタンスの活動もあります。つまり思想的にいえば右もあれば左もあるということです。このことには、かなり誤解があるのではないかと思われます。ボランティア活動にはソーシャルサービスとソーシャルアクションの2つの側面があります。直訳すれば前者は社会奉仕、後者は社会運動になります。

このようなことから考えると、私たちボランティア学習の関係者が奉仕活動の義務化が出てきたときに反対をした理由はおわかりいただけると思います。ボランティア学習では、社会を批判的に見て、変えていくということも大切にしているからです。それが奉仕という言葉に置き換わり、しかも国が提唱するというのはかなり危険性が高いものであると考えます。1995年以降のボランティア活動の実践の広がり、そしてボランティア学習のように教育の分野でも大事にしようという動きを利用して、全く違う思想が入ってきたわけです。このような動きに対して、私たちはノーとはっきりと述べたわけです。これも1つのソーシャルアクション、つまりボランティア活動といえるかもしれません。

奉仕活動の義務化に対しては、様々なことをしましたが、特に東京ボランティア・市民活動センターで開催した「奉仕活動の義務化に異論・反論・リフレクション」というイベントは私も力を入れて関わりました。当日のコーディネーターをしたと思います。その記録はセンターが出版したリーフレットに書かれています。当時、筑紫哲也さんのテレビ番組で「異論・反論・オブジェクション」というコーナーがありましたが、これらは全て反対という意味が込められていますので、それだけではなく賛成の人も含めて議論するのがよいだろうと考え、最後のオブジェクションをリフレクションに変えました。義務化の問題について振り返りましょうという意味を込めて最後はリフレクションとしたわけです。

3 大学の授業と講演活動

大学の授業は専任教員になって特別活動の授業だけでなく様々な授業を担当しました。数学の教育法も担当し、すべての学生に模擬授業をさせました。その中からかなりたくさん中学と高校の教員になりました。生徒指導関係や教職概論などを担当することもありました。教育実習の参観指導もあります。教員養成をしているという実感が湧いてきました。

今でこそアクティブ・ラーニングの重要性がいわれていますが、当時は大学の授業はほとんどが講義でした。しかし私の授業はすでにアクティブ・ラーニングを導入していましたので、ディスカッションなどもおこないます。班に分かれて協議をすることも授業でおこなっていました。あるとき、他の教室から先生が私の教室に来られました。学生が声を出しているので、何をやっているのだと思っておられたかもしれません。実際にそのような目で私の教室を覗いていました。当時の教職課程の私の授業は、大学の中でもかなり先端を行っていたのではないかと思います。

講演活動については、ボランティア学習や福祉教育、そして特別活動、最近では部活動についての依頼がたくさんあります。当時も、年間で30か所程度はこなしていたと思います。特に総合的な学習の時間が２００２年から始まりましたので、その中でおこなうボランティア学習や福祉教育についてはニーズがありました。教員向けの研修会が多かったのですが、主催は社会福祉協議会や教育委員会などでした。

また研究会や研修会では講演や講義だけではなく、ワークショップをやってほしいという依頼もありましたが、私はレクリエーションの世界でそのようなスキル（ファシリテーション・スキル）も学んでいましたので、ワークショップ型の研修も請け負っていました。その意味でも先端を行っていたと思います。

考えてみると、レクリエーションも含めて、それまでに自分がやってきたことや学んできたことが次々と生かされていると感じました。まるで色々と伏線になっていたものが、回収されて本線に戻りそこで大きな道を描いていく、そのような思いをしました。

大学での教員養成、そして様々なところから依頼を受ける講演活動、それらにもかなり慣れていく自分を感じていました。

講演に行ったときに、慣れないときは会場に着くと、まず受付に行くのですが、名前だけを言うと担当者は参加者名簿を探してしまうのです。慣れてからは講師の長沼ですと言うようになりました。ほかにもいつ到着するかについて。慣れないときは開始の30分前に行くこともありました。しかし会場を借りている場合には、30分前になってようやく鍵が開くということもあり、その時間に行ってしまうと迷惑がかかることもあります。また参加者の受付自体もちょうど30分前から始まることもあり、やはりそうなると迷惑がかかってしまいます。色々とやってみた末に経験上編み出したのが、始まる15分前に到着するということです。特に指定された場合を除き、これがしっくりきます。資料の確認やＰｏｗｅｒＰｏｉｎｔが映るかどうかの確認をしてちょうど開始時刻になります。

なお、主催者の方はずっと気を遣ってくれ控室で相手をしてくれるのですが、早くに到着してしまうと話がもたなくなります。そんなことを考えると15分前が一番よいのです。講師の側からすると、ずっと張りついて話をしてくださるのはありがたいことなのですが、結構何を喋るか最終の確認をすることもありますので、一人にしておいてもらっても構いません。これは主催者側の方に申し上げておきたいと思います。ただし現地に着いてから色々な話をするなかで、この話も入れようと気づく場合もありますので、事前にご挨拶をしたあとに主催者側の状況をお話しいただくことは有益なことです。ほどほどに話をしていただいて、まだ時間があれば少し放っておいていただけると、最終の確認ができてありがたいです。

30年近く講演活動してきて、様々な経験をさせていただきました。何よりもその現地に行って現地の方々の取り組みを知ることは、とても有益なことで、それをまた大学の授業で話すことによって学生に還元していくことができ、とてもよいわけです。また、現地の美味しい食べ物、飲み物をいただくのも幸せなことです。ですから、なるべく講演は断らないようにしてこれまでやってきました。しかしそれが私自身の過重負担になっていたことも否めません。それは反省しなければなりません。

4　学会・協会での活動

全国ボランティア学習指導者連絡協議会は日本ボランティア学習協会と名前を変えて、ボランティア学習の推進に取り組んでいました。そこでも役員をして様々なお手伝いをさせていただきました。

また福祉教育と合わせて日本福祉教育・ボランティア学習学会もできましたので、そこにも関わらせていただきました。研究紀要の編集委員会を担当したこともありました。今でも私がつくった査読の評価基準は使われています。論文を評価するときの基準を私が中心となって策定したのでした。

大学の教員となり、研究の視点も大切にしなければいけませんので、論文を書いて応募したり、大会で積極的に発表をおこなったりしました。

日本特別活動学会は、恩師の佐藤先生の勧めで入りましたが、そこでも頑張って論文を発表し、自由研究の発表もしていました。そうしましたら理事に当選し、すぐに事務局長に就任しました。初めてのことで、何もわからない状況でお引き受けしてしまったのですが、2期6年務めさせていただき、大変なことも多々ありましたが、このときの経験はその後の研究活動への大きな足がかりとなったのでした。特別活動学会は、年1回の大会のほかに、研究会が年2回、理事会が年3回、常任理事会が年6回もあるという、ほかでは考えられないほど多くのことをしなければならない学会でした。ですから事務局長は非常に大変でした。かなり自分の時間を犠牲にしました。ちょうど子育ても始まっていたのですが、多くのことを犠牲にしてしまいました。ただ特別活動学会の先生方にはとてもよくしてくださり、事務局の仕事だけではなく、教育雑誌への原稿依頼などもいただき、おかげで研究業績を積むことができました。

日本ボランティア・コーディネーター協会にも関わりました。ボランティア学習を進めるうえで、コーディネーションがうまくいかなければよい実践はできません。学校のボランティア学習をよくしようと思ったときに、地域の方々との連携や協働、社会福祉協議会やボランティアセンターなど様々な機関とのボランティア・コーディネーションがうまくできていなければ、ボランティア学習は推進できないという観点から、ボランティア・コーディネーター協会にも積極的に関わりました。理事を何期か務めました。そのなかで、今でもおこなわれているボランティア・コーディネーション力検定の試験委員会の委員長をしました。初代です。当時はまだ3級でしたが、問題作成や試験のやり方などは、全て私がその原型をつくりました。今でもこの検定は実施されています。

このように学会や協会で自分の研究成果を発表するとともに、その運営に関わることが多くあり、様々なことを学ばせていただきました。それはいずれ学会を立ち上げるとき、あるいは学科を設立しようというときに大きな力となりました。今考えると、これだけたくさんの団体によく関わっていたなということを思います。若いときの苦労は買ってでもしろという考えがあったからです。

5　シティズンシップ教育と出会う

日本ボランティア学習協会ではイギリスで2002年から中等教育学校でシティズンシップが必修教科になるという情報を得て、現地に視察に行くことになりました。私はそのメンバーの1人としてイギリスに向かいました。ボランティア学習では、市民性を生かした教育活動にすることが求められます。特に批判的に社会的事象を捉え、解決策を模索し、実行し、検証するというのがボランティア学習ですから、単に奉仕をするというボランティアではなく、よき市民として、学び成長し社会に役立つ、批判的に見て社会をよりよく変えていくことが大切になります。そのような観点で見たときに、ボランティア学習にとってシティズンシップ教育の視点や要素は、なくてはならないと考えます。

実際にイギリスの学校の見学や、教育雇用省や地域で支援する団体へのヒアリングなどを通して、どのような意図や趣旨で実施をしようとしているかがわかりました。

当時のイギリスの中等教育には社会科系は歴史と地理しかなかったわけで、日本でいう公民分野にあたるものはなかったのです。これが必修教科ではないということは、社会的素養としては当たり前と捉えることもできます。つまり学校で学ばなくても獲得できるということです。しかし必修教科にするということは、それがそう簡単にはいかなくなっていることの表れとみることができます。例えば若い人の選挙への参加、投票率の低下等の減少、移民をたくさん受け入れたことによって、特にロンドンなど都市部のエリアには多国籍の状況が生まれ、イギリスの政治や社会を知らない人々が多数出てきている状況、もっと言えば英語も話すことができない人々の存在。このような状況から中等教育の段階でシティズンシップを必修にすることになったわけです。そのときに、イギリスではボランティア活動が盛んですから、それはコミュニティーサービスという名前でしたが、それらの教育を生かしつつ導入を図ったわけです。シティズンシップを必修教科とするための国の方針を策定したクリックレポートでは、道徳的・社会的責任、政治的リテラシー、社会参画の3つの要素が示されました。3つの要素のうち特に社会参画の要素は、ボランティア学習とも大きな関わりがあります。

ただ、クリックレポートをとりまとめたクリック氏自身は政治学者ですので、政治的リテラシーを重点にしたいという考えをもっていました。しかしクリックレポートではこの3つの要素が公平に示されています。クリック氏はシティズンシップ教育がボランティア一辺倒になることを警戒していました。ここで言うボランティアとは、いわゆる奉仕的な側面を指す部分のみです。

このことは大きな誤解があり、日本でボランティアを矮小化して捉えている学者は、シティズンシップ教育からボランティアを遠ざけようということを述べています。

しかし先ほども述べたように、ボランティア活動やボランティア学習には、社会を批判的に見てよりよく変えていく視点もありますから、単なる奉仕ではありません。私たちボランティア学習関係者が、シティズンシップ教育を基盤としたボランティア学習を推進しているのは、このような意味合いにおいてです。私はボランティア学習を説明するときに、シティズンシップ教育を基盤としたものとして捉えていきます。

6　博士論文はボランティア学習

ボランティア学習の研究が進み、私としてはそれを博士論文の形にまとめたいと考えました。しかし日本でボランティア学習のことを研究している学者は多くなく、しかも当時論を展開していたのは興梠（こうろき）寛さんと池田幸也さん、そして私でしたので、博士論文の指導をしてくれる先生は見当たらなかったのです。

しかし当時、大阪大学では阪神・淡路大震災をきっかけにボランティア活動を組織的に研究する場が必要との考えからボランティア人間科学講座を設置していました。そこで何とか博士論文を作成することができないかと考え、先生方にお話をうかがいました。なかでも内海成治先生が一番ボランティア学習に近いということでしたので、内海先生のもとで博士論文を作成させていただくことにしました。内海先生はグローバルな視点でのボランティア活動を長年にわたって実践されている先生で、アフガニスタンでの貢献活動をされていらっしゃいました。教育の分野にも関わっておられたので、私の論文を見ていただくのはとてもありがたいことでした。博士課程に入学し3年間学びました。大阪に通うのはかなり大変でしたが、何とかやり切ったという感じでした。博士号を取得したのは2008年3月25日のことでした。

博士論文は「ボランティア学習のカリキュラム体系化に関する研究」という題で、それまでのボランティア学習の研究成果を踏まえ、ボランティアを学習カリキュラムとして構造化するにはどのようにすればよいかを主軸としてまとめてみました。当時大学や短大でもボランティア関係の科目を設けるところが出てきていましたので、全国の全ての大学・短大を対象に調査

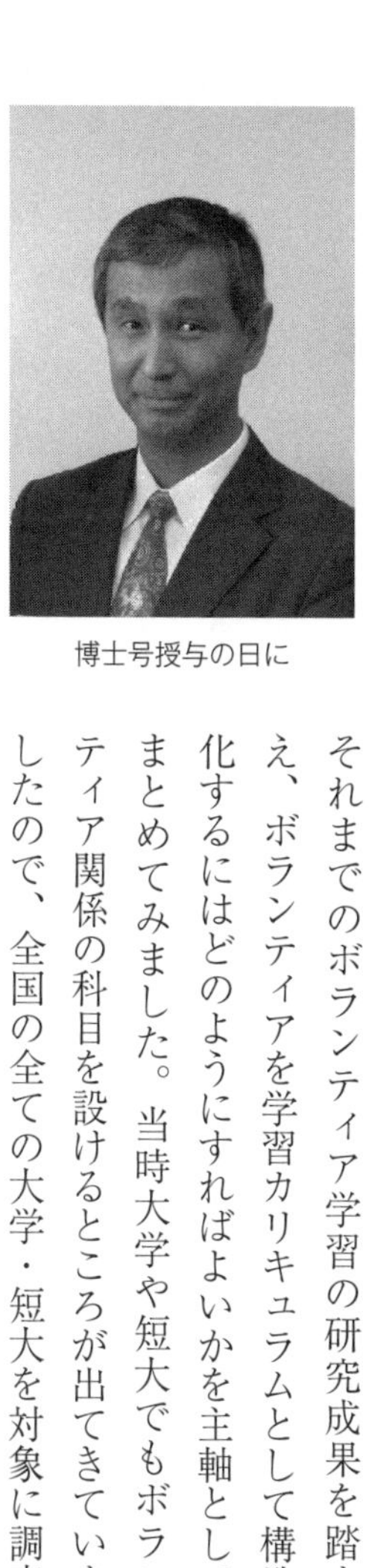

博士号授与の日に

を実施し、それらの結果を分析することもおこないました。『新しいボランティア学習の創造』（ミネルヴァ書房）に、全文が掲載されています。

阪大に通うときには千里中央駅からバスまたはモノレールで行きますが、必ず太陽の塔（1970年大阪万博の象徴）が見えます。修士論文のときは東京タワーが守り神でしたが、今度は太陽の塔がそれでした。頑張るので見守っていてくださいとお願いしつつ、岡本太郎さんを思い出しながら博士論文は爆発だと叫んでいました。

7 保育園の25周年

3人の子どもたちがお世話になったのは「あおい保育園」という保育園です。幼稚園に入るまでお世話になりました。ここはもともと共同保育から始まった保育園で、そのため保護者も一緒になって参加し関わっていくという基本理念がありました。預けるという考え方ではありません。一緒になって支え合っていく風土です。保育士のことを専従と呼びます。私たち保護者も時間があるときはお手伝いで関わることもできます。月1回の保育園会議には保護者も出席します。そこでは予算も含めて運営のあり方を一緒に考えていきます。行事も担当保護者がついて主体的に関わっていきます。例えば遠足、お泊まり保育、クリスマス会等々の行事についてです。保育園が25周年になるので、私は25周年の実行委員会の委員長になりました。記念のイベントそして記念の文集の発行等々です。文集は出版社にお願いして発行する形にし、トヨタ財団からの助成金をいただき編集作業と印刷・発行代金にあてました。ここでもボランティアや市民活動のノウハウを発揮して運営していきました。

時間があるときに専従さんと一緒に関わることもしましたが、あまり手伝えることはありませんでしたので、一日ずっとビデオカメラを回して「あおい保育園の一日」というDVDを作って、保育園の日常の生活がわかるようにしました。これは実際、入園希望者が来た場合に活用していただいたと聞いています。一日いると、自分の子どものことはもちろん、他の子どもたちの様子もよくわかるようになります。他の保護者も同じように関わりますので、お互いのファースト・ネームで呼ぶことができるようになります。縦・横・斜めの関係ができて、コミュニケーションを図りながら一緒に子育てをしていく関係性ができていたのだと思います。他人の子どもを叱ることができますし、もちろん褒めることもできます。いわば共同体としての保育園だったわけです。私がビデオを回して撮影をした日は、自分の子どもの気持ちが安定していたように思います。実際専従さんからもそのように言われました。子育てを保育園に丸投げする、利用者として預かることをお願いするという観点ではなく、一緒に参加・参画し子育てに関わるというのは貴重な体験になりました。

8　PTA会長になる

母校の小学校では2010年、2011年にPTA会長をしました。3人目の子どもが在学中のことです。このときには、様々な改革をおこないました。その詳細は拙著『人が集まるボランティア組織をどうつくるのか』（ミネルヴァ書房）に記しましたが、会員の皆さんが主体的に参加できる仕組みをつくったり、おやじの会を活性化させたりしました。ここでもこれまで自分が取り組んできたボランティアや市民活動のノウハウを生かしたわけです。

改革というのは、ただ闇雲におこなうのではなく、周到な準備と効果的な方策が必要です。何かを変えるにはエネルギーが必要です。まず変えなければならない理由がありますが、それをしっかり可視化し言語化することが大事です。そしてどんな改革にも変えたくない人々が一定数いることを想定して、それらの人々の気持ちや考え方に寄り添いつつ、変えなければならない理由を説明します。ここにはかなり時間をかける必要があります。少しでも進んでいくと、そこからは五月雨式に変えていくことができるようになります。そうなるまでが辛抱する期間です。

ボランティア組織では、関わってくださる皆さんが、主体的に取り組めるよう、やりやすい仕組みにしていくことが求められます。ずっとやっているからこの方法がよいということではなく、必要に応じて、そのときに中心になっている人が考えて、時期や時代に応じたやり方を工夫する必要があります。その柔軟性が必要なのです。ボランティア組織には、それができるよさがあります。

２０１１年には区の小学校ＰＴＡ連絡協議会（小Ｐ連）の役員もしました。そこでも様々な活性化プランを用意し、他校のＰＴＡ会長さんとともに取り組みました。仕掛人としては、ここでも２－６－２の法則などを利用し、多くの人を巻き込みながら改革をおこないました。

おやじの会についても、様々なアイディアを生かしながら活性化しました。Ｔシャツを作ったり、会の愛称を考えたり、独自のイベントを開催したりという具合いです。これらは全て緻密な、そして周到な準備のもとでおこなっていきました。

そしてボランティア組織の仕掛人としては、軌道に乗ったら手を引くという方法を採ります。これが仕掛人の極意です。ＰＴＡの活動もそうですし、おやじの会の活動もそうです。どちらも軌道に乗ったら次を担う人にバトンタッチして、その方々にやってもらうようにしました。同じことが学会や協会の活動でもいえます。ですから私は長いこと同じ組織にとどまることをしません。活性化して、そのための仕掛けをして、軌道に乗ったら去ります。日本ボランティア・コーディネーター協会（ＪＶＣＡ）もそうでしたし、日本福祉教育・ボランティア学習学会もそうでした。どちらも一定の役割を担い、うまくいったらバトンタッチしました。

私は、同じ人が長い期間、同じ組織の中で、同じ役割を担うことをよいとは考えていません。そのような組織では、マンネリ化し、新しい発想が生まれず、活動が停滞することが多いからです。弊害のほうが多いと考えています。NPOなどによく見られますが、同じ人が代表をしていたり、同じ人が実質的な切り盛り役である事務局長をしていたりする組織は、私の目から見ると大概ダメであることが多いです。このような問題意識から、私は自分自身が、同じ組織で同じ役割を担うことを長く続けることをしませんでした。これがボランティア組織の活性化の、改革の仕掛人の極意です。

9　アドラー心理学と出会う

私がアドラー心理学に出会ったのは、幼稚園の園長先生が保護者向きに開いてくださったステップというセミナーが最初でした。アドラー心理学の基本的な理念は、劣等意識をもたないこと、そして共同体感覚をもつことです。相手に対して感情で反応するのではなく、目的を理解して対応することを考えます。

ここで学んだ子育ての方法は、私が親から受けたものとは全く逆のものでした。衝撃を受けました。そしてこちらのほうが正しいと実感しました。妻もこのセミナーを受けていましたので、この方法で子育てをすることを二人で確認しました。当時母には様々な形で子どもたちのことを見てもらう機会がありましたので、母にも理解してもらいたいと思い、ステップの教材を読んでもらいました。しかし母の反応は、難しいね、でした。それはそうでしょう。自分が子育てでかつて使った方法とは全く異なるからです。私は、自分が受けた子育ては何だったのだろう、批判的に見ることができるようになりました。それまでは、私が受けたやり方が正しい、完全に正しいとまでは思いませんでしたが、同じこと、例えば感情で反応して叱るとかを子どもにしてしまったこともありました。

虐待の事案で、その虐待をした親も子どものときに虐待を受けていたという話を聞くことがあります。つまりマイナスのエネルギーは、世代を超えて連鎖し、引き継がれていく危険性があるわけです。

私はこのアドラー心理学を学んだことで、そのいわば負の連鎖から脱出をすることができました。それを習ったのは第二子が幼稚園のときでしたので、第一子が小さいときにはまだ出会っていませんでした。

それをきっかけに、私の子育ては大きく変わったと思います。感情レベルで反応し、それをぶつけていくという方法は違うと気づかされたからです。そのことは中学校の教員としての自分にも向けられます。もっと早くこれを学んでいれば、違う中学校教員になれたかもしれません。そのときはすでに大学に異動した後でした。残念でなりませんでした。

アドラー心理学の考え方は、私の子育て、そして教育観を変えました。繰り返しますが、もっと早く出会っていればよかったと思います。

さらに言えば、母と私の間でずっと引きずってきた闘い、その要因が何であるかも知ることができたわけです。この点はスター・ウォーズとよく似ていると思いました。感情に身を委ねて、立ち向かっていくのでは真のフォースを得ることはできません。暗黒面に引きずられていく心の隙間が生まれてしまいます。そのことが全編を通じて描かれていました。

私の闘い、自分の内面との闘いの内実は、感情レベルで反応するのではなく、理性で反応し、考えること、それをベースに相手とのコミュニケーションを図っていくことだったのです。親子関係だけではなく、私が出会うすべての人々との関係をどのように図っていくのかに関わることでした。そのことにやっと気づいたのは37歳のときでした。心の奥のほうが苦しかった自分から解放された思いがしました。

しかしそれを実践するのは、そう簡単なことではありませんでした。むしろ大きな課題を与えられた思いでした。なぜなら感情レベルで反応することが体に染みついてしまっていて、そう簡単には脱却できなかったからです。その苦しさに意識が向き、悶々とすることもありました。特に母とのやりとりにおいては、常に暗黒面が待っています。常に感情で反応してくるからです。それに引きずられてしまうこともありました。そしてふと我に返ると、これではいけないのだと後悔するのでした。スター・ウォーズで、感情に流されてフォースの暗黒面に落ちていくアナキンの気持ちがよくわかりました。

08

Episode 8

教員養成と夢の実現
～学科を創る～

小学校教員になれなかった豊は自分の原点を思い出して教育学科を創ることを決意します。それまでに培ってきた改革の仕掛人としてのノウハウを発揮して…

1　教育学科を創る（夢の実現）

中等科から大学の教職課程に異動したのが1999年4月でしたから、それから14年後の2013年4月に、教育学科を誕生させました。そのときの思いを私のホームページのブログに掲載していますので全文を紹介します。

(https://naganuma55.jimdofree.com/その他/エッセイ/夢の実現/)

夢の実現

2013年4月。

学習院大学文学部に教育学科が誕生します。本学では16番目の学科になります。私が発案、3年前から準備を進めてきました。様々な苦労がありましたが、それは別の機会にします。

約30年前のことになります。

私が高等科から大学への進学を考えていたとき、学習院大学に教育学科はなく、小学校の教員免許は取得できませんでした。残念だなあという気持ちと、あればいいのになあという願望はありました。とはいえ嘆いていても仕方ありませんから、中高の先生になることも視野に入れて進路を考えることにしました。

小さい頃からの夢だった小学校の先生になるため国立大学の教員養成系も考えて情報収集していましたが、最後には学習院大学に進学することに決めました。中高6年間通った学習院が大好きになっていたからです。もともと教科の中では数学に一番興味がありましたので、理学部数学科に進んで中学校の数学の先生を目指すことにしました。

4年後に縁あって母校である中等科に採用していただき、13年勤務しました。大好きな母校での勤務はとても充実したものでした。それゆえずっと中等科にいるものと思っておりましたが、人生は何が起こるかわかりません。恩師である佐藤喜久雄先生のご逝去にともなって、私が後任として大学の教職課程に異動になります。中高の教員養成に携わることになったのです。

そうなると、当然小学校の教員養成も視野に入ってきます。学会や研究会、講演先などで全国の魅力的な小学校の先生方にお会いするたびに、学習院で小学校教員養成をという夢がどんどん膨らんでいきます。

30年越しの夢の実現に向けて。

学習院に小学校教員養成をする教育学科があればいいなと高校生のときに漠然と思っていた夢を実現しようと。学生たちにいつも夢を諦めるなと言っている以上、自分も頑張らないといけません。幸いにも周囲の方々の様々な理解と協力があって、開設にこぎ着けることができました。感謝の気持ちでいっぱいです。

もう一つの夢である自分が小学校の教員になることはできませんでしたが、優秀な小学校の教員を育てることを通して「間接的な夢の実現」を目指すことにします。でも不思議なもので、何が自分を動かしたのかはわかりませんが、２００９年には一念発起して小学校の教員免許を取得しました。今後免許を使うことはないと思いますが、なぜかどうしても取得しておきたかったのです。教育学科の教育に役立てるというのは理由としてあったと思います。家では娘のピアノを借りて弾き歌いの練習、近所の公園の鉄棒を拝借して逆上がりの練習。40代のおじさんが、です。

人生、何が起こるかわかりません。でも諦めなければ必ず夢は叶う。学生たちには、そう語っていきたいと思います。

２０１３年2月 息子の誕生日に

伝統の教員服に身を包んで

2 44歳で小学校の免許を取得する

一般の人でも小学校二種の免許が取得できる道があります。文科省が実施する教員資格認定試験を受けるのです（現在は独立行政法人教職員支援機構がおこなっているようです）。二種は短大卒レベルのものですが、免許には変わりありませんので、保有していれば教員採用試験は受けられます。試験会場は全国に何ヶ所かありますが、私は横浜国立大学で受験しました。試験科目は、私は中学校の教員免許保有者ですから、一部は免除となります。1次は筆記試験、2次は実技試験、論述試験、3次は現場実習でしたが、私の場合3次は免除でした。なお、試験内容や方法は、今は違っているかもしれません。以下も同様です。

1次は教職教養、小学校全科で全て選択マーク方式でした。小学校は当時9教科でしたが、6教科選択して受験できます。1次は他に一般教養があったかもしれませんが、私は免除でした。2次の実技試験は音楽、図工、体育から2教科選択でした。本書を読んだ方なら何を選んだかはおわかりでしょう。全くダメな図工は消去法で除かれますから、音楽・体育という選択しかできません。1次の6教科は2次の2教科を含めるという条件がありましたので、残りの4教科は国語、社会、算数、理科にしました。子どもたちの中学入試に付き合った経験から多少の知識はインプットしていましたので。出題の半分は学習指導要領からでしたので、舐めるように学習指導要領を読んで臨みました。よく考えると、家庭科と生活科はどちらも2学年分なので学習指導要領の記述も少なく、そちらを選んだほうがよかったかもしれません。出題レベルは高校レベル、つまり大学受験レベルで、中には中学校レベルのものもありました。

論述試験は9教科から1教科選択ですので、私は当然算数を選びました。算数は論述試験といっても数学を解く問題で、中高のレベルでした。難なく解けたと思います。教材分析のような問題もありましたが、小学校の算数教科書を全冊読んで準備をしていきましたので、こちらも問題なく書けました。

実技試験は、私が受けなかった図工はデッサン、音楽は課題曲をピアノで弾き歌い、体育はボール運動、走る運動、器械運動、表現の4種目でした。

音楽の課題曲は1次の合格通知と一緒に示され、2週間程度練習できますので、娘のキーボードを借りて頑張りました。その年は「われは海の子」でした。小学校の課題曲ですから、教員向けに楽譜が売られていますので、それを使いました。小学生のときにバイエル程度まではいきましたので、左手は単純和音だけにしましたが、何とか乗り切りました。

次に体育ですが、まずボール運動は過去問ではバスケットであればゴール下からのシュートかジグザグドリブル、サッカーであればリフティングかジグザグドリブルでした。バスケット経験者ですから、これは大丈夫でした。しかしリフティングは3回程度しかできませんでしたので、息子のボールを借りて何回も練習しましたが、結局

3回程度のままでした。幸い、その年はどちらもジグザグドリブルでしたので、ラッキーでした。受験者のほとんどは20代で、私のようなおじさん、おばさんは数名でした。体育は若い人がさすがに上手でしたが、私のバスケットのジグザグドリブルでは、おーという声が起こりました。1番か2番くらい速かったからです。

走る運動は体育館を斜めに往復しますが、行きがハードル走、帰りが普通のダッシュでした。ハードルは高等科の授業以来でした。ポイントは前傾して頭の高さを変えないようにするのですが、それをするほどの体の柔らかさはありませんでしたので、倒さないで飛ぶことを優先し、頭は飛ぶときに上がっていたと思います。しかしスピードはありますので、親父やるなあという目で見られました。

器械運動は鉄棒かマット運動。近くの公園で鉄棒の練習をするのですが、大人ができる高さのものがありません。小学校の学区域の全ての公園に行きましたが、ありませんでした。困ってしまい、範囲を広げて探して何とか見つけることができました。鉄棒の場合は逆上がりが絶対に出るので、逆上がりは確実にできるようにしました。40代の親父が公園で逆上がりをしている姿を想像してみてください。怖いですよね。マット運動は前転、後転が基本でしたので、家で練習していきました。試験では残念ながら鉄棒で、逆上がり、そのまま後ろまわり、そのまま前まわり、踏み越えて降りるという4種でした。メタボが始まっていた私は中盤のまわる2種はできませんでした。しかし何度も苦労して練習した逆上がりができたので満足でした。親父同士でも、会話はしませんでしたが、お互いに頑張ろうという気持ちが芽生え、私が最初の逆上がりを回ったときは、受験生の誰かがよしと言ってくれました。

表現は年によって課題は色々で、その場で出題されますが、お題は「動きが激しい動物」だったと思います。私はチーターをやりました。まあ恥ずかしい。これだけはお互いにヒントになるといけないからか、他の受験生から見られることはなく、試験官の先生だけの前で演じました。よかった。

全てを終わってみての手応えとしては、ギリギリのラインでの合格を目指していましたし、実際ギリギリ合格という自己判定でした。結果は合格でしたが、点数開示を申し込んで見たところ、実技はギリギリよりは少し高いレベルだったと思います。筆記はもっと上で、論述は満点だったと思います。

なお、受験にあたっては、過去問分析は絶対に重要で、仕事をしながらの受験でしたから、最低限の努力で受かるように、しっかり分析しました。これは資格試験でも、中学、高校、大学受験でも、もちろん教員採用試験でも同様です。どんな試験にも（定期的に実施しているものには）傾向と癖があり、そこを分析しておくことで、余計な勉強をしなくて済みます。

また、受験生が書き込むSNSも役に立ちました。過去問の分析もありましたし、当該年も試験が終わった後で正解を確認しあいました。当時はTwitterなどの気軽なSNSはありませんでしたので、サイトに書き込む形式（掲示板という名前だったと思います）でした。そのときの、会ったこともない仲間にも感謝ですし、協力してくれた家族にも感謝ですね。

小学校の教員免許を取得したことで、小学校教員を養成する教育学科を創る仕事を、自信を持って加速させることができました。教えた経験はないとしても、多少の見識はあるという思いをもって取り組むことができたからです。

3 教育学科開設までの紆余曲折

教育学科を開設するまでには長い道のりがありました。詳細については教育学科の教育学研究会が発行している「教育学・教育実践論叢」第6号（2020年3月発行）に書いた「メイキング・オブ・教育学科」に記してあります。ここではそのダイジェストを述べます。

教育学科の構想は、実は最初は学部構想でした。というのは、提案する母体として、私たちの教職課程は、どこの学部にも所属しない学長直属の組織だったからです。提案するとすれば学長になります。必然的に、既存学部に学科を開設するという提案はできないことになります。しかし学部を創るというのはなかなか大変で、そう簡単なことではありません。当初外国語系の先生方と一緒に2学科の構想というのも考えられましたが、うまくいきませんでした。当時、法人の中には国際系の学部を創ろうと考えている方がいたので、教育学科の構想はそう簡単にはいかなかったのでした。スポーツ系の学科との2学科や、情報系の学科との2学科なども考えましたが、うまくいきませんでした。その動きを見ていた高埜文学部長（当時）がそれなら文学部の中に教育学科を作ったらどうだろうかと提案してくださいました。ありがたい提案でしたので、受け入れて文学部の中に学科を創る提案書を作成しました。

当初は教育文化学科、教育創造学科という名称も候補になっていましたが、最終的にはシンプルな教育学科に落ち着きました。文学部の中では企画委員会という委員会で審議されるのですが、なかにはとんちんかんな指摘をする人もいて閉口したこともありました。しかし粘り強くそれらの指摘や助言の一つひとつに答えて提案書を修正していくことによって、結果的にはよりよい学科構想になったと思います。文学部として学科を創ることが承認され、続いて大学の中で文学部教育学科構想が審議されます。そこでは学生が200人増えると学食がもっと混むのでやめたほうがよいという発言をした方もいたと聞きました。しかし、それらの方々が、その後定員800人の学部を創るのですから、世の中はわからないものです。色々な意見はありましたが大学として提案は承認されました。最後は学校法人です。ここでも当初は国際系の学部を創るのだと言い張った方がいたようですが、私たちの提案はボトムアップの提案でしたので、意味があることだとして受け止められ、結果的には承認されました。ここまでで3年はかかっていますが、福井学長(当時)が学長だったからできたと思います。

そして最後に文部科学省に申請書類を提出することになりました。書類を出してから1年間ぐらいで開設の認可が出るのですが、この段階まで来たら私はもう大丈夫だと確信しました。それは、これまで教職課程の認定で何度も文科省の役人さんと対応してきた経験があるからです。書類をどのように書けば受け入れてもらえるのか、修正要求にきちんと応えて直していけば間違いなく受け入れられるということもわかっていました。もちろんかなり厳しい指摘も受けましたが、その全てが工夫して対応すれば済むことでしたので、申請書類を書き直して出すことで承認されます。ただ大変だったのは、2つの承認を受けることが必要だったからです。一つは学科そのものの開設を承認していただくことで、これは大学設置・学校法人審議会です。もう一つは小学校教員の教員養成の学科ですから、教職課程認定の審議会です。それぞれの審議会から出された修正要求に応えて申請書類を修正し、どちらも無事承認を受けました。

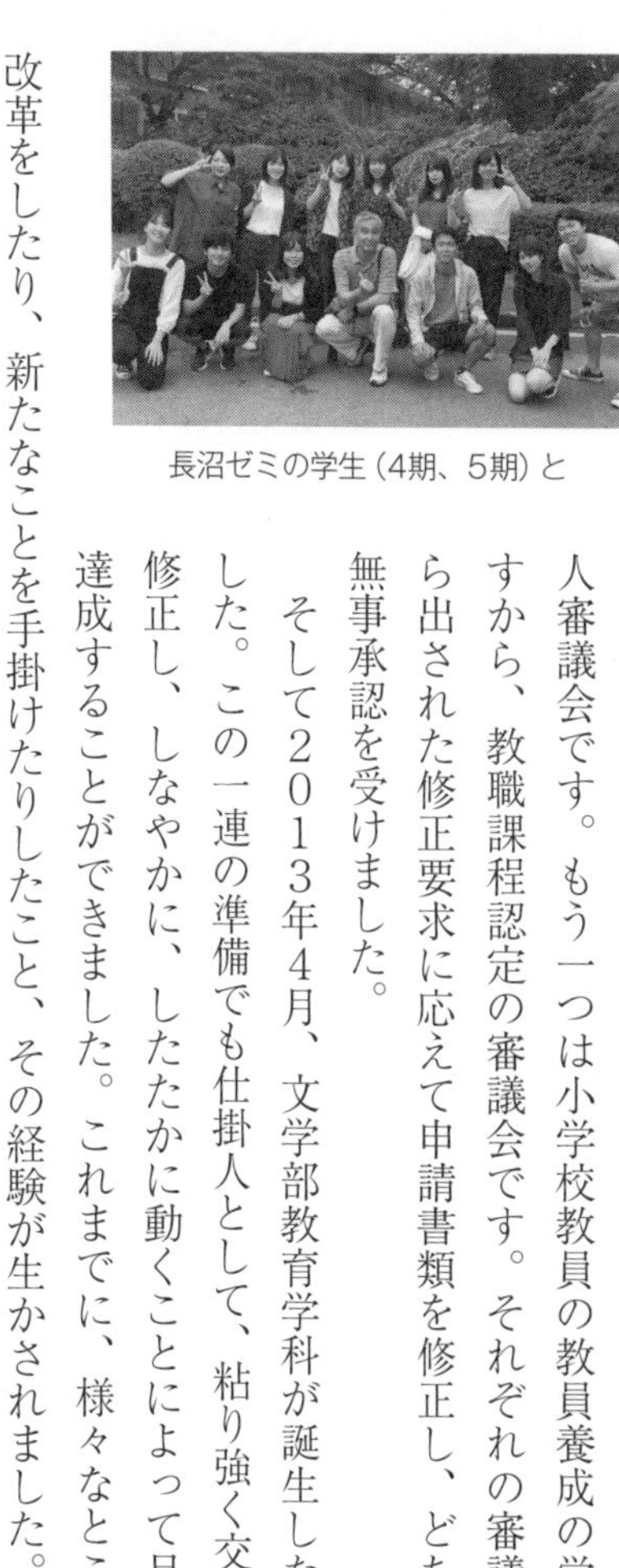
長沼ゼミの学生（4期、5期）と

そして2013年4月、文学部教育学科が誕生したのでした。この一連の準備でも仕掛人として、粘り強く交渉し、修正し、しなやかに、したたかに動くことによって目標を達成することができました。これまでに、様々なところで改革をしたり、新たなことを手掛けたりしたこと、その経験が生かされました。

それにしても学科を創るのはエネルギーが必要なことでした。最初の私の発案、構想からは5年かかりました。構想として仕上げるまでに1年、文学部・大学・法人の審議を経るのに3年、文部科学省の承認を得るのに1年、計5年でした。

まさか自分が学科を創るとは思いませんでした。自分は小学校の教員にはなりませんでしたが、小学校の教員を養成する仕事ができる喜びを得ることができました。私の夢が叶った瞬間でもありました。

この夢の実現には当時の教職過程で一緒に準備にあたってくださった諏訪哲郎先生、斉藤利彦先生、川口幸宏先生のお力が大きかったです。4人で何度も開設に向けた会議を開いたのはもちろんですが、居酒屋で熱く夢を語り合ったのを覚えています。感謝しています。

その後、教育学科開設の1年前に赴任してくださった佐藤学先生を中心にして大学院の教育学専攻を2016年に開設しました。このときも学科開設の経験を生かして、一緒に文部科学省に足を運ぶなどして、さらなる夢の実現を果たすことができたのです。何かを変え、創ることは莫大エネルギーが必要ですが、その分喜びも大きいものです。

4 日本特別活動学会の会長になる

2015年、日本特別活動学会の会長になりました。事務局長6年、副会長を9年務めたあとでした。第10期の役員体制です。特別活動学会は、その対象が特別活動であることもあって、集団活動をとても大切にしている先生方が多い学会です。大学の研究者だけでなく小中高の先生方もたくさんいらっしゃいます。役員も同様です。ですから皆さん献身的に学会を運営していこうという気持ちのよい方々ばかりで、委員会活動、事務局の役割なども皆さんが手弁当で取り組んでいる、そのような学会でした。

私はリーダーシップを発揮する役割を仰せつかりましたので、ここでもよりよい改革をしていこうと考えました。まずは会員数を増やして活性化することに着手しました。そのためには学会の成果をより外に見える形で出していくこと、実践的な研究をしている現場の先生方の団体とも連携して、交流を増やすこと、などを考えました。また学会ですから研究面の促進も必須のことでした。ちょうど第10期の役員体制で組織の改革がおこなわれましたので、以前よりも動きやすい組織になっていたこともよかったと思います。委員会や事務局の各部の役割が整理されていたのです。私としてはこの新しい組織を軌道に乗せていくことを考えました。皆さんが献身的にそして主体的に関わっていただいたこともあって、私が掲げた行動計画は3年間でほぼ全て実現し、会員数も飛躍的に増大しました。

２０１８年には第11期の役員改選があり、引き続き会長に推挙されました。今後も学会の活動をさらに推進していくつもりです。

それにしても、この学会に関わるようになったのは、恩師の佐藤先生の勧めがあったからです。そのときはまさか自分が会長になるとは思ってもみませんでした。前にも書いたのですが、事務局長をやっていた6年間はかなり大変なこともありましたが、そこで様々な先生方が研究面でも声をかけていただき、業績を積み上げることができたことが、その後の大学教員としての私の大きな支えとなりました。「若いときの苦労は買ってでもせよ」という言葉がありますが、私はそういう姿勢で若い時々を過ごしてきました。今こうして振り返ってみると、そのことは間違っていなかったと思います。今の自分を支えていてくれるのは、この学会で出会った先生方をはじめ、様々な場面で一緒に活動することができた皆さんのおかげです。高校時代にボランティアで出会った言葉「３つのあいを大切に。出会い、触れ合い、語り合い」の通りでした。そして学会の仕事に没頭してしまったときに、支えてくれていた家族のおかげでもあります。そして最後に、過去の私が今の私を支えていてくれます。若いときの自分にも感謝したいと思います。

5 母校の小学校に学生ボランティア

母校の小学校には、2010年、2011年とPTAの会長をして、子どもたちが卒業したあとも、4年生の総合的な学習の時間でボランティアについてお話をするというゲスト・ティーチャーを毎年していました。そして2013年に教育学科ができましたので、学生の希望者を連れて学校公開の日の授業を参観することもしていました。その関係もあり、小学校の移動教室のサポートで教育学科の学生にも来てほしいという依頼が校長先生からありました。5年生は2泊3日で静岡県の伊豆高原、6年生は3泊4日で長野県の東御市、どちらも大田区の宿泊施設があります。この移動教室では学級の数と同じ人数のサポートスタッフが同行していました。担任の先生の性別と逆の性別のスタッフを学級に配置するので、例えば男性が2人、女性が1人であれば、その逆のスタッフを募るわけです。当初は別の大学の学生や院生もいましたが、あるときから全員教育学科の学生が行くことになりました。私は希望者を呼びかけて学校に紹介するコーディネーションをしました。

1期生から誕生日のお祝い

この移動教室で活躍した学生は、引き続き土曜日の補習教室のスタッフとして活躍したり、翌年の移動教室にも参加したりしてくれる学生もいました。すでに卒業して教員になっている者もいます。私は教員になる人は学生時代に様々な経験が必要だと考えていますが、教室の中の運営だけでなく、移動教室のように宿泊型の行事の引率経験も大切ではないかと考えています。もちろん教員になってからOJTで学ぶこともできますが、学生のときから経験することができれば、即戦力として働くことができます。宿泊型の行事ではたくさんのことを考え、配慮し、教育活動を進めなければなりません。安全を確保し、他の人々にも迷惑をかけず、教育目標を達成しなければなりません。そのためには教員は教室での授業とは違った視点や観点をもたなければなりません。特別活動の教育的意義をしっかりと理解し、児童との交流を大切にしつつ、実りある行事をつくり上げていくことが求められます。また特別活動ですから、児童が主体的に行動し活躍する場面もつくる必要があります。そのような大切な教育活動を担う人材を輩出することも、教育学科には求められていると思います。大学の授業は欠席になってしまいますが、その部分はしっかり補ったうえで、上記のことを学び、成果を獲得して成長していけることができれば、長い目で見たときに有効ではないかと考えるからです。

私の母校に、私が創った教育学科の学生がこのように関わってくれていることはありがたいことだなと感じています。夢の実現の一歩先です。

09

Episode 9

新たな挑戦へ
～学会を創る～

部活動を巡って価値観のコペルニクス転回を経験する豊は、勢いに乗って学会を創ります。そこまで豊を駆り立てたものは何だったのでしょうか。

1　部活動の矛盾に気づかされる

２０１５年の暮れ、私の人生を変える出来事が起こりました。Ｔｗｉｔｔｅｒで情報を得ていたのですが、その中に若い先生たちが部活動の顧問を拒否するというツイートが目につきました。何人かいましたので、彼らのツイートを見ていくと、どうやら部活動の顧問になるかどうかの選択権をくださいという署名活動を始めているという情報が得られました。Ｃｈａｎｇｅ．ｏｒｇを使った署名活動です。

私は部活動は大好きなほうで、特にボランティアがライフワークになるきっかけをつくってくれたのが部活動でしたので、部活動を肯定的に見ていました。また中等科の教員になってからも、部活動を重視し、顧問としてしっかりと指導していくことが中学校の教員として当たり前と思っていましたので、いまどきの若いもんは（これはあまり好きな言葉でありませんが）と思ってしまいました。また教職課程に勤めてからは、中高の教員養成でしたので、学生に向かって、教員になったらしっかりと部活動の指導をするようにと指導していました。

そんな私は、彼らの署名活動の趣意書の部分を読んで愕然としました。法的な根拠を明確にして、論理的にも正しく、彼らの言っていることが正しいと私は判断しました。そこで私はＤＭを送り、彼らが考えていることを確認しつつ、文科省に送るのであれば、この表現は変えたほうがよいというような助言をしました。彼らは私の助言を真摯に受け止めてくれ、実際に修正してくれました。確か電話でも話をしたと思います。2015年の暮れから2016年の1月の頭のことでした。

2016年は部活動改革元年になっていきます。私の中で、コペルニクス的転回が起こったときでもありました。自分でもなぜそれまで信じてきたことが違っていると素直に受け止めることができたのでしょうか。自分が今までやってきたことのほうが正しいと考えて、彼らの主張を批判的に見ることもできたはずです。しかし私はなぜか彼らの側に寄り添い、なんとかしたいという気持ちになったのでした。私は特別活動で文科省の学習指導要領作成にも関わっていましたので、どのような表現を使っていけば受け入れられるかという視点で助言をしたのです。顧問の選択権をくださいというのが、自分たちが楽をしたいからと誤解されてしまうかもしれませんので、そうではないことを強調するためにいくつか書き込んだほうがよいことを助言しました。そのことで現実的な訴えになりました。後日、中学校の校長会の役員の方が何かに書かれたものの中でも、この署名活動に触れ、単なる要求ではなくしっかり考えられているという旨の評価をしてくださっていました。

そして、私のほうでたまたま当時の教育課程課長と面識がありましたので、彼らが提出するときには、仲介し、アポを取るのも私がしました。合田課長（当時）は、受け取る際に、関係する部署の担当官に全て声をかけ、署名活動の代表の本間さんと会ってくれ、真摯に耳を傾けてくれました。

このことをきっかけに部活動の問題はメディアも多く取り上げ、その後の改革に向けて進んでいくことになります。署名を受け取った当時の馳大臣は、翌日の記者会見で彼らの気持ちは私も通底していると答えてくださり、その後部活動改革に向けたプランを発表してくださいました。そして現実に、国は運動部と文化部のあり方のガイドラインの作成に向かって舵を切っていきます。まさに部活動改革元年でした。

2　部活動の研究集会を開催する

２０１６年はその後部活動の問題、部活動改革のことが度々メディアでも取り上げられるようになりました。特に教員の過重負担については、働き方改革の流れのなかでも位置づけられ、働き方改革の動きとも連動して取り上げられることが増えていきました。そのときに二人の方と出会いました。一人は学校の働き方改革に取り組んでいる妹尾昌俊さんです。もう一人は企業の働き方改革を推進しているワーク・ライフ・バランス社の小室淑恵さんです。この二人とはのちに埼玉県教育委員会の働き方改革の委員を一緒に務めることになります。企業での働き方改革の方法も参考にしながら、学校の働き方改革も考えていくことになります。

２０１７年になって、やはりネットだけでは不十分だと考え、顔の見える関係（ＫＭＫ）で部活動のことを議論する場が必要だと考えた私は２０１７年の３月に「部活動のあり方を考え語り合う研究集会」を学習院大学で開催しました。このときは大勢の参加者が来られ、なかにはネットの中で論客として有名な方々も参加をされ、後半の参加者の意見交換でその名前が出たときにはおーという声が上がるほどでした。あとから聞いたところ、そのような方がたくさんいらしていたとのことでした。スピーカーとしては部活動研究で頑張っている早稲田大学の中澤篤史さん、そして署名活動の代表として頑張っていた本間大輔さんにお願いし、私はコーディネーターを務めました。

第2回の集会は大阪大学の小野田正利先生にお願いし、8月に大阪大学で開催しました。このときは最高気温が36度を超えたとても暑い日でしたが、議論の中身もとても熱く、部活動の様々な課題をあぶり出しました。ちなみに第1回の研究集会では、後半の参加者からの意見交換ではびっくりするぐらい手が上がり、こちらも大変熱い、そしてあり方を真剣に考え合うものになりました。まさに顔の見える関係で議論したからこそ深まり、そしてその後の改革に向けて大きく前進していくきっかけとなりました。

２０１７年の第3回は12月に名古屋で大橋基博先生のお力を借りて開催させていただきました。このような形で、改革の仕掛人としてこれまでに実践してきたことを生かしながら、一歩一歩進めていったのでした。

3　日本部活動学会を創る

２０１７年には、部活動のあり方を考え語り合う研究集会を開催しつつ、様々なキーパーソンとお会いする機会を得ました。当時宮城教育大学にいらした神谷拓先生、大阪の中学校の先生で野球部を頑張っている杉本直樹先生、など様々な方々に直接お会いしに行き、部活動の課題について情報を得ることができました。研究者では部活動研究の第一人者の西島央先生にもお会いしました。

これらの動きは、学会を創ることを視野に入れたものでした。日本部活動学会を創るという構想は私の中ではすでに２０１６年の後半からもっていました。部活動のあり方を考え語り合う研究集会もそのためのステップとして位置づけていました。実際に第3回の名古屋の研究集会は、学会の設立と合わせる形での開催としたわけです。

学会会長としてご挨拶

２０１７年前半に着々と準備を進め、第2回の大阪大学の集会で学会を立ち上げることを宣言し、その日のうちに設立のためのホームページをアップしました。全てはその前から水面下で準備を進め、8月に一気に公開したのでした。そして12月に設立の総会ですから、わずか4ヶ月で設立に向かっていったのでした。もちろん設立の趣意書、第

1期の役員となる方々の候補、会則、会費、事務局、研究紀要、会報、大会等々、学会の骨格となるものは全て考えなければなりませんでしたから、かなりの作業量でしたが仲間とともにそれらを一つずつ丁寧に確実に設立のプランに盛り込んでいきました。これらのことは、日本特別活動学会で事務局を6年間、そして副会長を9年間やったことが大きかったと思います。その経験を最大限に生かしました。そういえば日本福祉教育・ボランティア学習学会を大橋謙策先生が創られたときに、そのときの方法ももちろん見ていました。

周到に準備をし、仕掛人の極意である、しなやかさとしたたかさも最大限に生かして、準備を進めました。まずは会員100人を集めるという目標を掲げましたが、予想を超える150人が集まったのでした。設立の会は2017年の12月でしたが、第1回の大会はそのすぐ後2018年の3月に学習院大学で開催しました。私が実行委員長でした。このときは内田良さんを記念講演で招聘し、切り込み隊長としての言葉を伝えてもらうことにしました。大きな教室がいっぱいになるほどたくさんの参加者が来られましたし、メディアの取材もたくさん来られました。当時いかに部活動の問題が社会的な課題になっていたのかという表れで、その流れに乗って学会を立ち上げることに成功したのでした。

ただ、これは誤解されている面もありますが、日本部活動学会は、部活動を改革するためのものではありません。正確にいえば改革のために役に立つこともあるでしょうが、メインの目的は学術的に部活動に関する知の蓄積を図ることです。学会ですから。これまで様々な分野で発表されていた論考をバラバラではなく、共通の基盤としてそれを集約する、集積する場として機能させることによって、部活動のあり方を考えていくことができると考えたわけです。今でも学会を誤解されてる方がいるようですが、部活動を学校からなくすことを推進する団体ではありません。もちろん会員の中にはそのように考える方もいますが、逆に学校の中でしっかりと部活動を残して実践すると考えている会員もいます。学会という場は、自由に自分の考えを発表できるのがよいのです。

とにもかくにも私は学科に続き、学会も創ってしまいました。これは本当にまさかの出来事でした。

4　文化部活動ガイドラインの策定に関わる

2018年、文化庁の依頼で「文化部活動の在り方に関する総合的なガイドライン」を策定する委員会の座長になりました。このガイドラインは2018年の12月に発表されました。4回にわたって審議をしました。すでに運動部のガイドラインが先に出ていましたので、それを参考にしつつ、文化部ならではのことを書き込む必要があり、また運動部のガイドラインでは書かれていないことを入れていく必要もありました。

委員の中には吹奏楽や合唱の関係の方もいらして、ガイドラインが抑圧的になってしまうことについては危惧すると発言されました。「運動部活動の在り方に関する総合的なガイドライン」では活動は、平日は1日休み、土日はどちらか1日を休みとすること、活動時間は、平日は2時間程度、土日は3時間程度となっていますので、もっとたくさん活動をしている部活動の関係者からすると、ガイドラインは抑圧的なものとして捉えられます。これらの設定は、スポーツ医・科学をもとにしてつくられていたわけですが、文化部に関してはそれに相当するものがありませんので、同じ設定にせざるを得なかったわけです。学校の中で異なる指標があるのは不自然だからということも理由です。

ぜひ議事録を見ていただけるとありがたいのですが、ガイドライン策定の委員会での様々な議論が書かれていますので、参考にしてください。私が部活動3原則と呼ぶものを書き込むことに成功しました。生徒の入部はあくまでも任意であること、教員の顧問は選択できること、顧問は辞書の意味の通りの顧問でよいこと。特に生徒の入部が任意であることとは、運動部のガイドラインには本文には書かれていませんので、文化部の方は一歩進めた形になっています。また、よく読むと文化部のガイドラインでは顧問と指導者を書き分けていますので、教員が技術的な指導者である必要はありません。メディアも活動時間や休みの日数ばかり取り上げますが、このような点にも着目してもらいたいものです。

ガイドラインとしては、文化部のものはあとから出たわけですが、あとから出たからこそ新しい情報として運動部にも適用することが求められます。自治体や学校でガイドラインを策定する際には、文化部のガイドラインも参考にしながら、運動部と文化部を合わせて、そのあり方をしっかりと盛り込んでもらいたいと思います。

ガイドライン策定の委員会は、かなり緊張し、ストレスも溜まるものでしたが、とにもかくにも座長として責任をもって司会をし、取り仕切ることができましたので、よかったと考えています。ガイドラインができたから終わりということではなく、むしろそれをどのように実行していくのか、部活動の本質的なあり方をどう考えていくのかについて、これからしっかりと関係者が考えていかなければなりません。

5　日本シティズンシップ教育学会を創る

日本シティズンシップ教育学会を立ち上げることになったのは2019年のことでした。まさか、生きているうちに二つ目の学会を立ち上げることになるとは想像していませんでしたが、日本部活動学会を立ち上げた経験を生かすことができました。

シティズンシップ教育を推進している団体としては、日本シティズンシップ教育フォーラム（以下、フォーラム）がありますが、事業内容からするとNPOのような団体で、研究面については必ずしも充実しているとはいえませんでした。シティズンシップ教育について知の蓄積を図ることは重要なことですから、私はフォーラムの運営委員会で、学会を運営することを提案しましたが、承認は得られませんでした。初代の代表の方から、もともとこの団体は学会のようにするつもりはなかったという発言があり、ここでは学会のような組織を創ることができないと思いました。そこで、残念ではありましたが、フォーラムの外で創ることにしました。

この話にいち早く、そして力強く反応してくださったのが水山光春先生でした。ぜひ創りましょうという強いメッセージをいただきました。早速準備に取りかかり、今でも覚えているのですが、学会設立の準備の打ち合わせは品川駅の新幹線改札の横のコーヒーショップでおこないました。水山先生が京都からこちらに来られ、私が関西に出張するちょうどそのタイミングで、品川駅でお会いすることにしたのです。

水山先生が精力的に準備に動いたことで、新幹線のように、一気に設立に向けて走り出しました。

日本シティズンシップ教育学会の設立趣意書の原案を書いたのは水山先生ですが、私が原案を書いた日本部活動学会の設立趣意書をわかりやすいと評価され、それを参考にして作成されました。

設立は２０１９年12月、先生が当時所属されていた青山学院大学で設立総会と記念の講演会、シンポジウムをおこないました。

学会を創るということは、知の蓄積を図ることになります。これまでシティズンシップ教育については必ずしも知の蓄積が図られてきたわけではありません。しかも、最近では主権者教育と混同されて言葉が使われていることもあります。このあたりをきちんと整理し論じていくことが学術的には求められています。また実践についても、分析し検証し、よりよい実践のために知見を整理する必要があります。

学会という組織のメリットとデメリットは両方あると思います。フォーラムを学会のようにしない理由として、権威づけをしていて上下関係がある、例えば論文の査読も上下関係をつくっていてよろしくないという考え方があると聞かされました。しかしよく考えてみると、査読をおこなうのは学会の会員ですから、会員相互が評価をしあって、よりよいものをつくっていくという点で民主主義の原則に則っていますし、市民社会の原点である相互扶助の考えでもあります。むしろそれを上下関係とみなす考えそのものが上下関係に縛られているのではないかと思いました。おそらく学会の査読で嫌な思いをされたのかもしれませんが、要はやり方次第なのではないかと考えます。むしろ同じメンバーが組織の中枢部にずっといて取り仕切っているほうが市民性の観点から課題があるように思います。また、運営の中枢部から、年齢や経験が上の者を外し、顧問（現在はアドバイザーと呼ばれます）に押しやったことも問題です。年齢や経験によって区別することで上下関係をつくっているように思います。

このようなことを考えると、新たにフラットの関係を生かした組織を立ち上げることは悪いことではないと考えます。ただし権威づけや上下関係が出ないようにしなければならないのは、その通りです。

私が見る限り、フォーラムは、私の学会構想の提案を承認しなかった運営委員会以降、事業を充実させて素晴らしい活動を展開しています。特に東京で実施しているミニ研修会は以前より格段に充実してきました。私が組織のあり方について課題を投げかけたことが刺激になったのではないかとみています。

今後は、フォーラムはＮＰＯとして様々な仕掛けを提供する団体、学会は研究面を促進し知の蓄積を図っていく団体として、それぞれの役割を担いつつ、シティズンシップ教育の推進に向けて相乗効果が出せればよいと考えています。水山先生も私も両方の団体の役員をしていますので、決して両者は対立をしているものではありません。また対立を煽るようなことはしていません。誤解のないようにお願いします。

6 部活動改革に携わる

長沼サイトのブログには、部活動改革の考え方を述べています。ここに紹介します。

部活動改革

昨年（２０１６年）から部活動改革に取り組んでいます。

詳細は『部活動の不思議を語り合おう』（ひつじ書房、２０１７年8月出版）に記しましたが、正直に申し上げて、ここまで進展するとは思っていませんでした。

２０１５年の暮れに、部活問題対策プロジェクトの先生とＴｗｉｔｔｅｒのメッセージでやりとりをしたのが最初でした。また以前から存じ上げていた新聞社の記者さんとは電話で、どのような改革の道筋があるのか、様々なシミュレーションをしてみました。当面、文科省とのパイプがある私がサポートしながら進め、動向については記者さんが記事にしてくださるということを確認しました。その後記事がその後の大きな進展につながったことは言うまでもありません。

２０１６年3月にプロジェクトのメンバーが要望書と2万人以上の署名を文科省に届けた際は、私が文科省にアポイントメントをとってお願いをしておいたところ、関係する全ての部署の担当官が顔を揃えて受けとってくれ、さらには代表の本間大輔さんの言葉を、予定時間をオーバーして真剣に聞いてくださいました。

文科省が各種の取り組みを始めてくれたのはそれからです。

メディア取材が急増

あれから1年半が経ちました。

最近では教員の働き方改革と絡めて議論することもできるようになりました。

私自身が顧問教員として真剣に取り組んできた部活動について改革するのは複雑な気持ちがありますが、苦しんでいる教員が全国にいることを知ってからは、放っておけないという気持ちのほうが強くなりました。

この「放っておけない」というのはボランティア活動の原点。なんとかしなければならないという強い思いに突き動かされました。

これまで中学、大学、学会・協会、NPO、PTAなど、様々なところで改革を手がけてきた私の極意（とポリシー）は「仕掛人」です。2年目からの顔の見える関係（KMK）での改革の提唱と研究集会の開催、部活動学会の設立準備などが、その仕掛けの一端ですが、まだこれで終わりではありません。

※仕掛人の極意については『人が集まるボランティア組織をどうつくるのか』（ミネルヴァ書房、2014年）で詳しく説明していますが、「人と同じ仕掛けはしない」「仕掛けてうまくいったら去る」というのがベースです。そして最大の美学は…

何十年とかけて肥大化した風船をしぼませるのは、容易なことではありません。1か所から針を刺しても効果はありません。同時に数か所から、内から外から刺す戦略を立てなければなりません。

ただし改革には注意が必要です。急激な改革には副作用が伴います。それに反対する人が必ずいるからです。副作用が最小限になるように緻密な理論武装と仕掛けが必要になります。風船に例えると、外からパンと割ってしまうような過激な改革には最も大きな副作用があります。多くの人が納得する改革を進めるためには、針穴をあける場所を慎重に探し当て、刺す強さをどの程度にするのか考えておく必要があります。

２０１７年９月18日　自宅にて

（https://naganuma55.jimdofree.com/その他/エッセイ/部活動改革/）

このような「思い・願い・こだわり」で取り組んできましたが、お陰様で部活動改革は社会的にも認知され、多くのメディアが取り上げてくれました。

私もテレビでは「視点・論点」（ＮＨＫ）、「週刊ニュース深読み」（同局、当時）、「ＺＩＰ！」（日本）、「あさチャン！」（ＴＢＳ）などに登場させていただいたほか、ラジオでは安田菜津紀さんの「ＪＡＭ　ＴＨＥ　ＷＯＲＬＤ」（Ｊ－ＷＡＶＥ）、別所哲也さんの「Ｊ－ＷＡＶＥ　ＴＯＫＹＯ　ＭＯＲＮＩＮＧ　ＲＡＤＩＯ」（同局）、荻上チキさんの「荻上チキ・Ｓｅｓｓｉｏｎ22」（ＴＢＳ、当時）などでお話しする機会を得ました。また、部活動に関する新聞記事の識者コメントにも多数登場させていただくようになりました。ありがたいことです。

【第3部の終わりに】

エピソード７・８・９では、大学の教員になってから今までの私のことをお話ししました。研究活動を進め、これまでの経験を生かした大学の授業を展開し、講演活動もおこない、最終的には学科を創り、学会も創りました。メディアの取材もたくさん受けるようになりました。社会的には評価をされる活動をおこなってきたのだと思います。

しかしその裏には、抑圧との闘いに悩む自分が常にいました。リーダーシップを発揮してやらなければならないこともあり、そのような立場では抑圧側に回ってしまったこともあったのではないかと思います。仕掛人として様々な改革もおこないましたが、人間関係をうまく図ることができずに、相手に迷惑をかけてしまい、自分が身を引くことで解決をしたのかもしれません。つまり仕掛人というのは一見よい姿に見えますが、実際には人間関係をうまく調整できずに、自分が逃げる口実として私が描き出した姿なのかもしれません。このような形で自叙伝を書いたことによって、そのことを自覚的に理解することができました。

自分の弱点であるコミュニケーションや人間関係、集団の中で自分の立ち位置を考えること、集団の中で役割を遂行すること、人と人とが対等な関係で支え合っていくこと、抑圧や被抑圧ではなく批判的思考をもって解決をしていくこと。これらは全て私の研究テーマであるボランティア学習、特別活動、部活動、シティズンシップ教育の題材なのです。学校レクリエーションもそうです。つまり自分の興味・関心のある、最も気にしていることが、自分のライフワークとしての研究につながっていたのです。

その大もとは第2部でお話しした幼少期に要因があり、覚醒し目覚めていくのが第1部の思春期の頃からのお話で、研究者としてこれらの伏線が全て回収されてつながったのが第3部のお話だったというわけです。

次のローグ・ワンではこれらのことを詳しくお話しします。

10 ローグ・ワン

全てがつながっていた

抑圧との闘い。仕事も研究も全ては、このテーマに引き寄せられていたことに気づいた豊は自分の人生を振り返ります。そしてある意味、最大の転機を迎えます。

1　フォースの暗黒面との闘い

現在研究の分野としている領域があります。特別活動、部活動、ボランティア学習、シティズンシップ教育です。これらは別々に捉えることもできますが、私の中では全てがつながっています。それはこの本で語ってきた自分自身の体験に密接に関係しているのです。特別活動は小学生の頃から、部活動は中学生から、ボランティアは高校生から、それぞれ力を入れて関わってきました。そして中学校の教員、大学の教員になっても力を入れ、それらを研究の分野として取り込みながらやってきたわけです。

シティズンシップ教育については、前にも書いたように、ボランティア学習が成立するためには、シティズンシップ教育の考え方がベースになければなりません。市民的な素養を前提として、社会的な活動をおこなう。つまり単に他者や社会のために役に立つことをするのではなく、社会を批判的に見て、よりよく変えていくという視点を大切にしなければなりません。ボランティア活動の特性の一つである先駆性・開発性は市民としてどうあるべきか、ということに密接に関わっています。

市民性、シティズンシップはボランティア学習と大きく関わっていますので、シティズンシップ教育の関係者がボランティアを、あるいはボランティア学習を遠ざけようというのは看過できないものがあります。その場合にボランティアやボランティア学習を奉仕的な側面だけに矮小化して捉えており、その点もよろしくないと思うからです。

ボランティアの世界に引き込まれたのは、自らが抑圧的な子育てを受け、もがき苦しみ、いかにしてそこから脱却するかを考えてきたからにほかなりません。抑圧からの脱却、それが私のライフワークのようなものでもありました。

特別活動、部活動については、集団活動としてのあり方を考えることになります。集団と個、個と個、集団と集団。このような関係性を考えながら実践のあり方を検討するのですが、そのベースはコミュニケーションです。しかし対人関係を上下関係で捉えてしまい、上の者には服従することを徹底的に刷り込まれてきた私にとって、フラットな関係で楽しく交流する世界に救いを求め、癒されていたのだと思います。レクリエーションの世界に引き込まれたのもそうです。

小学校卒業の日に

このように考えると、全てがつながってきます。

教員という職業に憧れたのも、上下関係の上でいられるからではないか。私が出会ってきた教員のうち何人かは、上であることを極度に強調し権力者のように振る舞う人でした。そういう人々を必ずしもよくないと思いつつ、自分もそちら側にいたほうがよいと、ある種の憧れを感じて、目指そうとしたのではないかと思ってしまいます。

スター・ウォーズでフォースの暗黒面を知りつつ、そしてそちらに踏み込んではいけないとわかっていても、引き寄せられていく自分がいたのです。

ボランティアの世界も、抑圧的な親から逃げて安住の場所を探したいという気持ちが働いていたのではないかと前に述べました。加えて、ワークキャンプのリーダーなどをすることで、上でいられると考えたのではないだろうかと思います。最初に飛び込んだのも、全員卒業して部員がいないからどうぞという先生からの誘いがあったからで、もし先輩がいる状態であれば入部しなかったのではないかと思います。先輩がいないので、上でいられるからです。実際私はいち早く入部し、部長になっています。

上下関係ではないつながりというキーワードに惹かれてボランティア・コーディネーターの世界に引き寄せられたのも同様です。つながりといえば、教育学科を創ったときに、つながりをキーワードにして「人間と自然がつながる、つなげる」「学校と地域がつながる、つなげる」「人間と人間がつながる、つなげる」と目指すべき学科の方向性を掲げました。これは無意識のうちに、自分にも言い聞かせていたのかもしれません。

部活動で苦しんでいる先生たちの言葉に耳を傾けることができたのも、抑圧と非抑圧に敏感に反応できたからかもしれません。長いこと関わってきた部活動に対する価値観をよく変えられましたねと言われましたが、私の中では自然な流れだったのだろうと思っています。

このように、自分がもがき苦しみ、闘ってきたものが研究テーマとなり、今に至っていることが、改めてこの本を書いて、わかりました。抑圧からの脱却を目指していたら、研究の世界に引き込まれていたのです。研究というのは、強い問題意識やこだわりがないと取り組むことができませんから、今の自分にとっては必然的な結果といえるのかもしれません。

2　半生、反省、半世紀

しかし、抑圧からの脱却を目指す方法が、自分が抑圧側に立つことだというのは、あまりに安易な解決策だったのではないでしょうか。そして、本当によかったのでしょうか。研究テーマというライフワークだけでなく、生き方そのものにもこの考え方が貫かれていると感じるからです。例えば、改革の仕掛人というスタイルを理想とし、振る舞ってきたことです。様々な団体で改革し、軌道に乗ったらバトンタッチして去ってきました。長いこと同じ団体や組織で頑張っている人が通常は評価されますから、私などは全く評価されません。まあそれでもいいか、どうせ私は異端児なのだからと自分に言い聞かせて、やってきました。そんな生き方はカッコいいと考え、自己陶酔してきたのではないかと思います。

本当は長いこと同じ団体にいると、コミュニケーションに弱点があることがばれてしまい、相手も自分も、お互いに居心地が悪くなってしまうのではないか、それを避けるために身につけた処世術なのかもしれません。実際には仕掛人の極意のように静かに去っていくのではなく、批判して居心地が悪くなって去るということが多かったように思います。結局のところ、この年になっても感情面で反応してしまい、理性的に物事を進めることができていないことになります。変わっていないということです。

さらには、抑圧的に育てられたことを全ての要因と考えるのもどうかと考えています。自分を育ててくれた母に対して、そのような感情をもつ自分に嫌悪感を抱いています。苦しいです。

こんな人間ですが、種々の改革を評価してくださる方がいらして、それは本当にありがたいことです。繰り返しになりますが、私は長いこと、同じ団体や組織にいたことがありません。ですから評価されません。

珍しい眼鏡姿

しかし唯一と言ってよいだろうと思いますが、学習院には長くいます。何しろ中学生の12歳のときからいますので、２０２０年で45年になります。ですから母校愛は人には負けないくらいありますが、このことも仕掛人の視点から批判的に見ています。

学習院というところは、居心地がよく、それゆえに内向きになりやすく、どっぷり浸かっていると確実に世間知らずになります。私の場合は、極力ほかの世界の人々と交流することで、それを回避しようと意識してきました。大学院も勤めてからですが、違うところに通いました。外の風も感じながらやってきたつもりです。「私はほかで通用するのか」と自問自答し、転職して通用することを証明したほうがよいのではないかと何度も考えたことがあります。今でもそうです。

しかし、ここまで語ってきて気づいたのは、私が各種団体で仕掛人でいられたのは、学習院というベースキャンプがあったからではないかということです。感謝しなければなりません。

つながり、仕掛け、抑圧、集団、ボランティア、市民性・・・全てがつながっていました。

3　自分史グラフを描くと

教育学科の1年生の必修科目「教職概論」の授業で、毎年語っているのが自分史グラフです。横軸は生まれてから今までの自分、縦軸はそれぞれの時期がよい状態だったかどうかを高さで表します。グラフが高いほど充実していた時期、低いと落ち込んだり、嫌な出来事があったりした時期です。

これまで本書で語ってきたことを全て踏まえてグラフにすると、こうなります。

とにかくどんくさくて、よい思い出の少ない幼少期は低く、主体的に学科を創り学会を創った近年は高くなっています。自信をつけて活躍できるようになるとグラフは

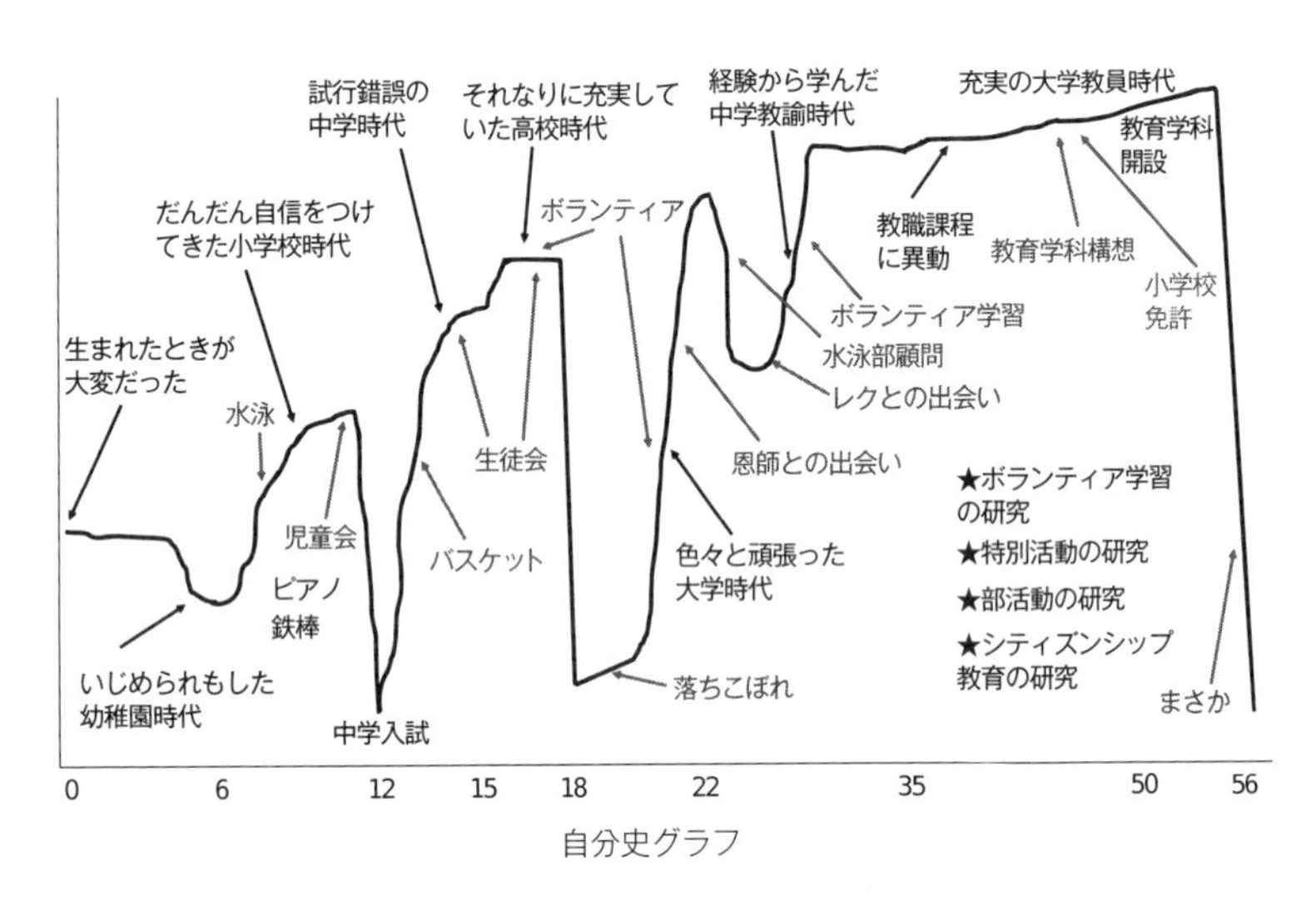

自分史グラフ

高くなりますが、中学入試の失敗と、大学入試の指定校推薦にもれたことは精神的なダメージがかなり大きかったので、一気に低下しています。中等科の教員時代は夢が叶ったこともあり、基本的には高いですが、山あり谷あり、色々な出来事がありましたのでジグザグです。

この自分史グラフは、ある教員の生き方を紹介するとして話し始め、最初は私であることは一切話しませんが、途中からわかってくるという仕掛けです。人生は山あり谷あり、人間相手の職業を目指す皆さんは、人の生き方に敏感にと語ります。さらに、こう続けます。

これは今私が思っている自分史だけれど、山や谷は変わるよ、なぜかというと、もっとよいことが起こると、今ある山は相対的に低く表示されるし、逆にもっと大変なことが起こると今書いた谷は、たいしたことないさ、と思えるかもしれないですね。見方が変わると過去の出来事の価値は変わるということですね。人間というのは、過去の出来事は変えられないけれど、過去の出来事をどう見るかは変えられますからね（これ、アドラー心理学の受け売り）。辛いと思っていたことがそうでなくなる日が来るかもしれません。皆さんは、私と同じように、希望した大学でなかったかもしれないけれど、この環境で頑張ってみるのもありですよと。

一般入試で入学してくる学生には第1希望でない者も少なくないため、このような言葉かけをしています。後期で、大学生活にも慣れてきた頃なので、ちょうどよいかなと思っています。毎回リアクションペーパーを書かせていますが、この回は特に真剣に受け止めてくれる学生がたくさんいて、励まされます。

そして56歳、ある意味、グラフは最大の落ち込みをマークします。人生には３つの坂があるといわれます。上り坂、下り坂、まさか。

4　56歳の転機

自分史グラフが56歳になって急降下していることにお気づきでしょう。「人生には３つの坂がある。上り坂、下り坂、まさか」の、そのまさかが起こったのです。

２０２０年3月、内臓に重大な疾患が見つかりました。3月11日から20日まで検査入院して調べた結果、判明しました。大きな手術が必要な状況でした。4月3日に入院し、4月6日に大きな手術を受けました。朝8時に手術室に向かい、終わったのは19時でした。

手術が終わって最初の2日はHCUという病棟にいました（High Care Unitの頭文字をとった高度治療室、ICUよりも軽い状態の場合に活用するようです）。さすがに大きな手術を受けたあとということもあり、最初は起き上がって立つこともできません。血圧の上が100に満たない状態だったからです。これは初めての経験で、びっくりしました。腹部から管が4本、鼻から1本、尿管の計6本が身体から外部に出ていました。

ちなみに私もPCR検査を受けました。HCUに前の日までいた患者が陽性だったということで、さすがにこれはドキドキしましたが、翌日陰性でしたと告げられ、一般病棟に移りました（なお、翌日から全ての新規入院患者は検査を受けることになったようです）。病棟は最重要度の厳戒体制で運営をされていましたので、それ以降は感染の心配はほとんどありませんでした。最も安全な場所にいると思いました。

一般病棟に移り、管も1本ずつ外れていきます。新型コロナウィルスの影響もあり面会は原則禁止でした。家族は5分間であれば許されていましたが、洗濯物の交換で終わってしまいました。1日中テレビを見ていても、コロナのニュースばかりですので、飽きてしまいます。そこでEテレを見ることもありましたが、1日見ていて教育という視点で参考になることもありました。ドクターからは、とにかく歩くように、リハビリのためと言われていましたので、病棟の廊下を何往復もしました（歩くと血流がよくなり、臓器がくっつくのが早くなるのだそうです）。おそらく50メートル位ある廊下ですが、それを40往復ぐらいした日もありました。そのことをナースに話したら、それはすごい、30往復は聞いたことあるけれども、と褒められました。数字で目標を定めて目指すというのは有効だと感じました。

世の中は、ちょうどコロナで大変な状況でしたので、ちょうどそのときに入院していて複雑な心境でした。私の手術が4月6日、国が緊急事態宣言を出したのが翌日の4月7日でしたので、知人からは冗談で長沼が手術を受けたから緊急事態宣言を発表したとか、自分にとっては長沼の入院のほうが緊急事態だとか言われました。

退院したのが5月7日でしたので、35日間入院していたことになります。もう少し日程が遅くなっていたら、手術も待たされて回復も遅くなっていたのだろうと思います。

入院生活中は、脂質1日5グラムに抑えられた食事で、まさに健康食でした。退院してからは、外来で何回か診てもらう生活になりました。まだ管が1本お腹から出ている状態で退院しましたので不自由な生活でした。退院後、脂質制限は1日15グラムになり、食べられるものも増えていきました。

身体の変調の理由は、明らかに無理のし過ぎと断言していいです。今までお話ししてきたように、たくさんのことに同時並行で取り組みましたので、かなり無理をしてしまったと思います。学内では授業、学生指導、教育学科運営、文学部の委員会の委員長、諸会議等、学外では学会運営、執筆活動、講演活動、メディア取材対応、PTA活動、教育委員などなど、よくまあ、こんなにたくさんのことをこなしていたと思います。夜の会合もたくさんこなしました。

教員の働き方改革にも言及し、部活動改革を唱えていたのですが、自らの働き方改革も必要だったということです。情けない。働き方だけでなく、食生活、睡眠など健康を考えた生活、無理のないバランスのよい生活、ワーク・ライフ・バランスのとれた生活を実践しなければならないと強く痛感しました。

残りの人生は、ゆっくりまったり生活していこうと思います。価値観を変えなければならないのですが、すぐには答えは見つかりません。それでいいのだと思います。今まであまりにも、せかせかと色々なことにスピード感をもって取り組んできました。それ自体がいけなかったのですから、答えもゆっくり出そうと思います。

補筆

本書の原稿の最終チェックをしていた2021年1月4日に父が他界しました。

本書ではあまり触れてこなかった父ですが、母とは対照的に、ほとんど怒られた記憶がありません。ただし怒らずに注意をされることはありました。思春期には手紙に書いて渡されることも。直接叱ると感情レベルで反応する私の性格を知っていたのでしょう。ですから怒るのでもなく叱るのでもなく「諭す」という表現がふさわしかったように思います。私がこれからのお手本にしたい姿勢です。

【エピローグ】 闘いのゆくえ

思えばスター・ウォーズシリーズも、親子の闘いが描かれていました。ルーク・スカイウォーカーは、父ダース・ベイダー（アナキン・スカイウォーカー）と闘い、傷を負わせてしまいますが、ベイダーの師・ダース・シディアスによって殺されかけたときに、覚醒したベイダーがルークを助けます（エピソード6）。ここでは父子の絆が描かれます。一方、ハン・ソロとレイア姫の子どもカイロ・レイは、葛藤の末に父ハン・ソロを殺してしまいます（エピソード7）。悲劇です。スター・ウォーズシリーズは、親子の格闘という痛ましくもドロドロした面を描いていたことになります。

徹底して抑圧的に育てられた私は、反撃に出ます。思春期を中心に闘いながら学びとったのは、全く同じ手法、感情レベルで反応することでした。すでにフォースの暗黒面に支配されていたのです。もがき苦しみながら救いを求めて逃げ込んだのがボランティアの世界でした。まさかそれが生き方のベースになるとは思ってもみませんでした。

本書を執筆することによって、過去の自分を振り返り、改めて気づくこともありました。本当はこのように考えていたのではないかとか、実はこんなことを思っていたのではないかなどなど。

過去の出来事は変えられませんが、過去の出来事をどう見るかは変えられます。他人のことは変えられませんが、他人をどう見るかという自分は変えられます。アドラー心理学の教えです。そのことを実感しました。

いまだに暗黒面から脱していない自分がいますが、一度しかない人生、悲劇で終わらせたくはありません。心身共に転機を迎えた57歳。これから自分がどのように生きていくのか、まだ定まってはいません。いまだに先行きが見えない自分がいます。未熟者です。

末尾に、自叙伝の出版を提案してくださったキーステージ21の大久保正弘社長に感謝申し上げます。何年もかかってしまいましたが、なんとか漕ぎ着けることができました。

そしてこの自叙伝が出せたのは、これまでに私が出会ってきた全ての人々のお陰です。この場を借りて感謝の気持ちをお伝えします。ありがとうございます。

２０２０年11月
57歳の誕生日に
筆者

長沼　豊 ーながぬま　ゆたかー

高校・大学時代から福祉系ボランティア活動に関わり、学習院中等科教諭を経て1999年から学習院大学教職課程助教授。その後、准教授・教授を経て文学部教育学科教授。大阪大学大学院人間科学研究科博士後期課程修了、博士（人間科学）。教科外教育（ボランティア学習、特別活動、部活動、シティズンシップ教育）を中心に研究を進める。

日本ボランティア学習協会理事、日本特別活動学会会長、日本部活動学会副会長、日本シティズンシップ教育学会理事などを務める。文部科学省「中学校学習指導要領」作成協力者会議（中学校特別活動）委員（2008年）、文部科学省「小学校学習指導要領」学習指導要領の改善等に係る検討に必要な専門的作業協力者（特別活動）委員（2017年）、文化庁「文化部活動の在り方に関する総合的なガイドライン」作成検討会議座長（2018年）なども歴任。

著書は『人が集まるボランティア組織をどうつくるのか　～「双方向の学び」を活かしたマネジメント～』（ミネルヴァ書房、単著、2014年）、『社会を変える教育 Citizenship Education ～英国のシティズンシップ教育とクリック・レポートから～』（キーステージ21、共編著、2012年）、『実践に役立つボランティア学習の基礎理論』（大学図書出版、単著、2010年）、『新しいボランティア学習の創造』（ミネルヴァ書房、単著、2008年）など多数。

全国各地で講演やワークショップをおこなう。自称「ボランティア学習仕掛人」。趣味は鎌倉歩き、特撮番組鑑賞。特技は姓名占い。

キーステージ21ソーシャルブックス
人と人をつなぐと、教育も社会も変わる
―ボランティア学習、部活動改革、特別活動、
シティズンシップ教育の仕掛人による奮闘記―

2021年6月15日　初版発行
著　者　　　長沼　豊
装　画　　　TAKA
装丁デザイン　佐藤えりか
本文デザイン　木村ほなみ・有賀千晃
編集協力　　北澤知佳・数藤えみ・中飯田千彩
発行者　大久保正弘
発行所　株式会社キーステージ21
東京都町田市小山ヶ丘4丁目7番地2－818　〒194-0215
電話　本社 042-779-0601　出版部 042-634-9137

印刷・製本　モリモト印刷株式会社

ISBN 978-4-904933-17-6　C0095